Justus Ludwig Jacobi

Erinnerungen an August Neander

Justus Ludwig Jacobi

Erinnerungen an August Neander

ISBN/EAN: 9783744617864

Hergestellt in Europa, USA, Kanada, Australien, Japan

Cover: Foto ©ninafisch / pixelio.de

Weitere Bücher finden Sie auf **www.hansebooks.com**

Erinnerungen

an

D. August Neander

von

D. J. L. Jacobi,

o. Professor der Theologie an der Universität zu Halle.

1882.

Verlag von Eugen Strien in Halle.

Druck von Fr. Richter in Zeitz.

Vorwort.

Mehr als ein Menschenalter ist vergangen, seit August
Neander starb. Die Dankbarkeit, welche ich nicht nur mit
vielen, sondern auch vor vielen ihm schulde, treibt mich, sein
schwindendes Andenken neu zu befestigen, indem ich sein
Bild zu zeichnen versuche, wie ich es in fünfzehnjährigem
Zusammenleben aufgefaßt und in treuer Erinnerung bewahrt
habe. Ich hoffe bei denjenigen, welche ihn gekannt haben,
die Bestätigung zu gewinnen, daß ich ihn wahr und richtig
geschildert habe, und daß sie sich gern zurückgeleiten lassen
in die Zeit, wo Neander der Jugend Begeisterung einflößte
für den Erlöser und für die Schätze der Erkenntniß, welche
in ihm beschlossen sind; allen aber, mögen sie ihn gekannt
haben oder nicht, wünsche ich in der Schilderung seiner
großen, dem Dienste Christi geweiheten Gaben, in der Darstellung der Harmonie seines Wesens, der Reinheit und Erhabenheit seines Charakters ein historisches Zeugniß dafür
abzulegen, daß auch in unserem Jahrhundert das Christenthum, obgleich es weit umher durch Weltsinn verblaßt oder
unterdrückt, oder durch den Egoismus der kirchlichen Par-
teiung verzerrt erscheint, dennoch seine weltüberwindende und
friedenbringende Kraft bewahrt habe. Was ich zu geben
beabsichtige, ist weniger eine Biographie, als ein Charakter-

bild und schließt sich in dieser Hinsicht ergänzend an frühere Darstellungen an. Mein Gesichtspunkt ist hauptsächlich darauf gerichtet, das innere Leben des Mannes in seiner Tiefe und in seiner Einheit mit seinen Leistungen darzustellen. Was für seine innere Entwicklung in der Jugendzeit von Bedeutung gewesen ist, habe ich theils nach dem Aufsatz von Kling, theils aus eigener Kenntniß berichtet. Aber zu einer ausführlichen Biographie ist alles, was man bis jetzt von Neander weiß, nicht hinreichend. Sein Wesen war zu einfach, sein äußeres Leben zu unbewegt, um dazu den Stoff zu bieten. Auch sein brieflicher Verkehr war beschränkt. Immerhin würde sein Briefwechsel noch manche werthvolle Beziehungen auf Personen und Sachen eröffnen, wenn er bekannter wäre. Allein die an ihn gerichteten Briefe, welche seinen späteren Jahren angehören, und welche er in seinem Studirzimmer in einem ziemlich großen Beutel aufbewahrte, sind, so viel ich weiß, unmittelbar nach seinem Tode entwendet worden und es ist wenig Hoffnung vorhanden, daß sie wieder an den Tag kommen werden.

August Neander war am 17. Januar 1789 zu Göttingen geboren, der Sohn eines jüdischen Kaufmanns, Namens Mendel. Der Vater soll ein Handelsmann sehr gewöhnlichen Schlages gewesen sein; einen Einfluß edlerer Art empfing er von seiner Mutter, welche als eine Frau von feinerem Geiste bezeichnet wird. Sie folgte dem Sohne auf seinem Wege zum Christenthum und siedelte auch, um ihn zu pflegen, nach Heidelberg und nach Berlin über, wo sie 1817 starb. Der Baron von Kottwitz, der sie hier kennen lernte, sprach wiederholt mit Hochachtung von ihrer Trefflichkeit und Frömmigkeit. Sie lebte eine Zeit lang in Hamburg, wo sie, getrennt von ihrem Manne, die Erziehung ihrer Kinder leitete. Die vorzüglichen Fähigkeiten ihres Sohnes erkannten alle seine Lehrer, auch waren alle von der Elementarschule ab überzeugt, daß er durchaus nicht zum kaufmännischen Geschäft, aber sehr zum Studium geeignet sei. Im Jahre 1803 bezog er das Johanneum und 1805 das akademische Gymnasium in Hamburg. Gurlitt, der Direktor beider Anstalten, war ein tüchtiger Philolog und Kritiker und legte den Grund zu einer gediegenen Kenntniß der klassischen Sprachen in Neander, welcher ihm nicht nur dafür ein dankbares Andenken bewahrte, sondern auch weil Gurlitt, obgleich fest in rationalistischer Ueberzeugung, später den ganz anders gesinnten jungen Mann theilnehmend und thatkräftig in seinem Berufe förderte. Den Uebergang zum akademischen Gymnasium machte er mit einer lateinischen

Rede für die bürgerliche Emancipation der Juden, welche Gurlitt werth hielt, sie drucken zu lassen. Neander war auch in seinen reifsten Jahren für diese Begünstigung und sprach sich öfter darüber aus. Ihn leitete dabei die Hoffnung, daß die Juden um so schneller zum Christenthum gelangen würden. Die eigenthümlichen Bedingungen des Staates hatte er weniger im Auge, und ich möchte daher auch nicht zuversichtlich behaupten, daß er ihnen Rechte bis zu der Ausdehnung, wie sie sie jetzt besitzen, z. B. die Befugniß Richter zu sein, bewilligt wissen wollte.

Unter seinen Altersgenossen lebte er anfänglich ziemlich einsam. Linkisch in äußerlichen Dingen, in sich gekehrt und schüchtern, durch gemeines Betragen abgestoßen, hielt er sich zurück von den Schülern. Zu seinem Freunde wählte er Plato, ihm ergab er sich mit jugendlicher Begeisterung. In ihm fand er, wonach seine Seele sich sehnte: in der kalten Reflexion und niedrigen Prosa des umgebenden Lebens, warme Begeisterung, Erhebung zu den überirdischen, gött= lichen Dingen, Adel der Gesinnung und Verachtung des Gemeinen. Dennoch empfand er die Einsamkeit schmerzlich. Es war in ihm ein tiefes Bedürfniß nach Freundschaft und er rechnete sich zu denen, welche die herbe äußere Form hindere, die Liebe zu bethätigen, welche sie üben möchten. Seine Sehnsucht wurde erfüllt, als einige der begabtesten Mitschüler, die seine Talente und seine edle Gesinnung erkannten, ihn an sich zogen. Es war der später als Schulmann angesehene Wilhelm Neumann, Varnhagen, wel= cher allerdings weiterhin sich minder würdig zeigte, und der Dichter Chamisso. Sie fanden ihn erfüllt mit Plato, auf Tisch und Stühlen umgeben von platonischen Schriften und Kommentaren, und dadurch vorbereitet zum Eintritt in eine Gesellschaft für romantische Literatur, den Nordstern, an deren Spitze sie standen. Die Briefe, welche er an den abwesenden Chamisso schreibt, sprechen das Glück aus, was er in dieser Freundesverbindung fühlt. Sie haben einen lebendigen pathetischen Styl, die subjektive Rhetorik, wie man sie bei F. H. Jacobi, Herder, Schleiermacher und anderen findet. Sie sind zugleich voll von den edelsten Empfindungen eines für Freundschaft und Wahrheit glühenden Jünglings. Aber je länger, desto inniger wurde seine Freundschaft mit dem trefflichen Karl Sieveking, der später als Senator von Hamburg eine hervorragende Stellung einnahm und mit ihm bis ans Ende in Freundschaft eng verbunden blieb, während die anderen von ihm schieden theils durch den Tod, theils durch die Wege des Lebens. Man möchte wohl annehmen, daß Sieveking's Umgang vorbereitend auf Neanders Bekehrung zum Christenthum gewirkt habe, allein da er nicht unter den Taufzeugen genannt wird, so ist es nicht wahrscheinlich, daß Neander ihm einen Antheil daran zuschrieb. Wohl aber soll es einen Eindruck auf ihn gemacht haben, daß ein Freund, welchem er sein Entzücken über Plato ausgesprochen, ihm erwiderte, das was er rühme, könne er noch schöner und wahrer im Johannes lesen. Dies habe ihn veranlaßt, sich mit dem neuen Testament zu beschäftigen. Gleichzeitig las er Schellings Schriften und Schleiermacher, zu welchem ihn wahrscheinlich Plato hinführte. Die Reden über die Religion, das neue Licht, in dem sie Christum, den Erlöser zeigten, zündete blitzartig, wie in vielen Zeitgenossen, so auch in Neanders Seele. Wenn er, wie erzählt wird *), selbst gesagt hat, daß ihn Plutarch, besonders sein Pädagog, dem Christenthum näher gebracht habe, so ist das kein Widerspruch gegen den positiven Einfluß Schleiermachers, sondern bezeichnet eine vorangehende Stufe. So viel ist gewiß, daß der Entschluß, Christ zu werden,

---

*) Kling, Theol. Stud. u. Krit. 1851, S. 522.

nicht durch das Alte Testament wesentlich gereift worden ist. Schon in seiner Familie scheint das Judenthum einen modernen Charakter gehabt zu haben. Er selbst aber, in dem Augenblick, wo er sich Rechenschaft giebt über seinen Uebertritt, übersieht zwar nicht die Weissagungen, aber die höchste, verwandteste spricht für ihn nicht das Alte Testament aus, sondern Plato. In dieser Abhandlung erhebt er das Christenthum als die Religion der Liebe über das Judenthum, die Religion der Furcht, wie die Identität über dem Gegensatz stehe, den sie versöhne. Es sind Gedanken vornehmlich Schleiermachers und Schellings, mit welchen er seine Apologie begründet. Wenn man vergleichen will, so war sein Judenthum eher dem philosophischen der alten Alexandriner ähnlich, als dem buchstäblichen der Palästiner.

Im Begriff zur Universität abzugehen, am 25. Februar 1806, ward er von dem Pastor Bossau in Hamburg getauft. Vermuthlich legte der Augenblick, in welchem er sich bestimmter für die Wahl eines Berufes zu entscheiden hatte, ihm die Aufforderung nahe, sich auch äußerlich zum Christenthum zu bekennen, welches er liebte. Wenigstens ist ein anderer Antrieb nicht bekannt geworden; selbst sein langjähriger Freund Twesten wußte nichts davon anzugeben. Er nannte sich nunmehr Neander, weil er ein neuer Mensch sein wollte, und nahm die Vornamen Johann Wilhelm August an von seinen Pathen Gurlitt, Neumann und Varnhagen.

Mit einem Stipendium ausgestattet, welches ihm Gurlitt zuwendete, schickte er sich an, das Studium der Rechte zu ergreifen. Diese Wahl muß überraschen, wenn man seine bisherige Entwicklung, seine Bildungsweise und die Gegenstände seines Interesses beobachtet. Es mochte wohl dem im Judenthum Erzogenen, obgleich das Evangelium sein Herz gewonnen hatte, dennoch der Gedanke fremdartig sein, ein

christlicher Pfarrer zu werden. Als er aber auf der Durch=
reise durch Hannover einen Verwandten besuchte, einen an=
gesehenen Arzt Namens Stieglitz, sagte ihm dieser mit
großer Bestimmtheit, er passe nicht zum Juristen, sondern
zum Philosophen oder Theologen. Das führte ihn zur
richtigeren Selbsterkenntniß und zur Theologie. Schon
vorher hatte er den Entschluß gefaßt, um Schleiermachers
willen, von welchem er mit Enthusiasmus sprach, in Halle
zu studiren. Mit der höchsten Theilnahme hörte er die
Vorlesungen desselben. Sie führten ihm grundlegende Ideen
zu über die Theologie im allgemeinen und insbesondere
über Bedeutung und Methode der Kirchengeschichte. Doch
nur ein halbes Jahr war ihm dieser fruchtbare Aufenthalt
gegönnt. Nach der Katastrophe von Jena drangen die
Franzosen gegen Halle vor. In der Nähe der Stadt kam
es zum Gefecht, das tapfere aber schlecht geführte preußische
Corps ward geschlagen und in die Stadt verfolgt; in den
Straßen krachten die Schüsse. Ein Studiengenoß Neanders,
der spätere Hofprediger Strauß eilte, sich nach Neander
umzusehen, sobald er es wagen durfte, sein Haus zu ver=
lassen. Er fand ihn vertieft in seine Arbeiten, überrascht
durch die Nachricht, denn er hatte von all dem Schrecken
und dem Getöse nichts vernommen. Napoleon hob die
Universität auf und schickte die Studenten fort. Neander, dem
die einquartierten Franzosen nichts übrig gelassen hatten,
wanderte in ärmlicher Kleidung und körperlich leidend
nach Göttingen. Hier wurde er der Mittelpunkt eines
Kreises, welcher sich mit Schleiermacher beschäftigte. Am
meisten zogen ihn die Vorlesungen von Stäudlin und Planck
an und lenkten seine Neigung auf das geschichtliche Studium.
Man bemerkt zugleich, daß er, mehr als es Planck zu thun
pflegte, von dem Aeußerlichen der Begebenheiten in das
Innere und auf die religiösen Motive zurück zu gehen strebt.

Augustins eigenthümliche Dogmen erklärte er aus dem, was er im religiösen Gefühl erlebt und dann mit dem Verstande und als System nicht ganz angemessen dargestellt habe.

Um Ostern 1807 ging eine neue Wandlung mit ihm vor. Er machte eine Ferienreise nach Hamburg über Hannover, und traf im Stieglitzschen Hause mit einem privatisirenden Gelehrten Namens Frick zusammen, welcher sich viel mit Dante beschäftigte und die Bibel wohl kannte. Angezogen durch Neanders Geist und Gemüth, führte er lange Gespräche mit ihm und rieth ihm, nicht in Platonischer und Schleiermacherscher Philosophie, sondern in Christo alle Schätze der Weisheit und Erkenntniß aufzusuchen. Neander verließ ihn tief bewegt. Nach Hamburg gekommen, schloß er sich an einen alten Arzt Namens Heise an, einen einfach frommen Mann, welcher sich auch als Dichter bethätigte, und an Matthias Claudius. Er war bisher einer intellectualistischen und aristokratischen Theologie ergeben. Jetzt hatte er den Hochmuth erkannt, der darin verborgen lag. Von da ab wurde ihm deutlicher, daß das Christenthum und die Theologie zuerst und vor allem Sache des Gemüthes sei, und daß nicht ein vornehmes Herabblicken auf den großen Haufen der gewöhnlichen Menschen dem Theologen zieme, sondern Einfalt des Herzens, kindlicher Glaube und liebevolle Herablassung zu den Niedrigen. Nicht ohne Kampf wendete er sich von der theuren Genossin seiner Studien, der Philosophie, dem ausschließlicheren Studium der Bibel zu, lernte auch unter des Privatdocenten Gesenius Anleitung das Hebräische. Die einfachere und praktischere Auffassung des Christenthums hat unzweifelhaft sehr viel dazu gethan, ihn für die Kirchengeschichte als seine Fachwissenschaft zu entscheiden. Hatte er den Erlöser in seiner geschichtlichen Gestalt richtiger auffassen lernen, so wollte er nun auch sein Erlösungswerk an der Menschheit weiter verfolgen. Daher begann er die Kirchenväter zu lesen und sie bestätigten ihm den neuen Weg, welchen er eingeschlagen hatte. Eine Zeit lang blieb er vorzugsweise ernst und in sich gekehrt, bis sein Entschluß gereift war. Dann gab er seinen Freunden Rechenschaft von seinen inneren Erlebnissen in einem lateinischen Glaubensbekenntniß, an dessen Schluß er die Kirchengeschichte als Ziel seines Studiums hinstellte, „und den Herrn inbrünstig anrief, daß er ihn darin leiten und vor allen Verirrungen bewahren möge." *) Seit dieser Zeit gewannen auch die Schriften Klenkers Einfluß auf ihn, welcher in Kiel lebte, ein etwas verworrener Schriftsteller und noch mehr ein verworrener Docent, gleichwohl ein gelehrter und verdienstvoller Forscher der Schrift und Religionsgeschichte, und dabei ein bibelgläubiger Christ.

Im Jahre 1809 kehrte Neander nach vollendetem Studium nach Hamburg zurück. Hier fand er sich im Umgang mit Freunden und in privaten Studien so befriedigt, daß er das Anerbieten der Göttinger Professoren, ihn zum Repetenten zu machen ablehnte, hingegen sein Examen als Candidat der Theologie in Hamburg machte. Er bestand die Prüfung in der ruhmvollsten Weise, predigte auch jetzt zuweilen und ward nicht ungern gehört, nur daß er auf das Zeitmaß nicht achtete. Seine erste Predigt hatte er bereits 1807 in Wandsbeck über Joh. 1, 1 gehalten und sie hatte wahrscheinlich einen nicht geringen Antheil daran, daß er die Nothwendigkeit einer praktischeren Theologie erkannte. Für Predigten junger Theologen bewahrte er eine gewisse Zuneigung. Als ich ihm einst von der Verantwortlichkeit sprach, welche man durch eine unreife Predigt auf sich lade, erwiderte er: Aber das Evangelium aus dem Munde eines reinen Jünglings ist doch erbaulich.

---

*) Kling, a. a. O. S. 533.

Da Marheinekes und de Wettes Abgang von Heidelberg einem Privatdocenten günstige Aussichten eröffnete, so ging er auf die Anregungen eines Freundes ein, sich dort zu habilitiren. Er fühlte, daß er in dem Hamburger Leben seine Kräfte zersplittere, und sehnte sich nach einer frucht=baren wissenschaftlichen Thätigkeit. Obgleich ihn seine Theologie von Gurlitt entfremdet hatte, wagte er es doch, ihn um seinen Rath anzugehen, und fand ein über Erwarten freundliches und hülfreiches Entgegenkommen. Gurlitt ver=mittelte seine Promotion zum Licentiaten in Wittenberg, verschaffte ihm Stipendien und um Michaelis 1810 trat Neander in die akademische Laufbahn ein.

Anfänglich waren die Erfolge in Heidelberg gering. Seine große Jugend erweckte bei den meisten Studenten nicht gerade Vertrauen. Seine Schüchternheit und Unbe=holfenheit reizte sie zum Spott und der Vortrag, ungeübt und ohne Eleganz, zog sie nicht an. Indeß entging doch einigen der reiferen und ernsteren das Eigenthümliche und Tiefe nicht, was seine Vorlesungen auszeichnete. Es waren ihrer fünf, darunter der treffliche Eilers, welcher während des Eichhornschen Ministeriums die Angelegenheiten der Universitäten verwaltet hat, die sich vereinigten, in Neanders Vorlesungen auszuharren. Die Frömmigkeit und der Scharf=blick, womit Neander das offenbare und verborgene Walten Gottes zur Erlösung der Menschen darlegte, gewann ihre Liebe für ihn und für die Geschichte der Kirche. Ein Aus=spruch namentlich war es, welcher Eilers Gemüth und Nach=denken bewegte: daß diejenigen Zeiten, welche am fernsten dem Christenthum zu stehen scheinen, oft bestimmt seien, am meisten für seine erneute Macht zu arbeiten.

Allmählich faßte Neander festeren Fuß unter den Studi=renden. Dazu trug auch seine Monographie über Julian den Abtrünnigen bei. Hier zeigt er an dem Neoplatonis=

muß Julians ein regelmäßig wiederkehrendes Gesetz der Ge=
schichte, daß diejenigen Standpunkte, welche die nächste Vor=
bereitung für das Christenthum enthalten, die Einen zum
höheren Ziele führen, dagegen die Anderen veranlassen, sich
selbstgenugsam und feindselig gegen das Christenthum abzu=
schließen. Mit echt historischem Blick erkennt er die Be=
dingungen, unter welchen Julians Gesinnung sich mit Haß
gegen das Christenthum erfüllte. Er weist namentlich hin
auf die Philosophie, die classische Literatur, die antike Größe
des Reiches, welches alles seinen Stolz und seine Liebe zum
Heidenthum nährte; dem gegenüber die immer mehr ent=
artende Kirche, die sittliche Verdorbenheit des Hofes, der
sich einen christlichen nannte; dazu die Grausamkeit des
Kaisers Constantius, wodurch Julian persönlich zu leiden
hatte, die tyrannische Ueberwachung, die Erziehung durch
heuchlerische Lehrer, die vielmehr seinen Gegenwillen stärkten,
bis sich seinem Ehrgeize die Bahn offnen Abfalls vom Kaiser
und von Christo aufthat. So zeigte Neander in dem Feinde
der Kirche doch Züge einer großen Natur, in dem Schuldigen
auch Entschuldbares. Den Verurtheilungen älterer Historiker
entgegen, strebte er diesen Charakter zu erklären und ver=
theidigte sogar einiges, was er späterhin preisgab. Keine
glänzendere Bestätigung konnte dem jungen Historiker für
seine Leistung werden, als die Anerkennung Niebuhr's, wel=
chen Neander wiederum als einen der größten Gelehrten und
edelsten Christen aller Zeiten bewunderte und liebte.

Jenes Werk verschaffte ihm schon i. J. 1813 die Be=
rufung an die Universität Berlin, welche Marheineke, der
ihm von Heidelberg dahin vorangegangen war, vermittelte,
nicht ohne einigen Verdruß über eine Verwirrung und Ver=
zögerung der Angelegenheit, welche dadurch veranlaßt wurde,
daß die badische Regierung ihn unter sehr ehrenvollen Be=
dingungen in Heidelberg zu halten suchte. Wäre nicht die

Entscheidung von Berlin aus um ein weniges früher erfolgt, so hätte er sich durch das Wohlwollen jener zum Bleiben verpflichtet geachtet.

Als er von Heidelberg aufbrach, rüstete Preußen bereits zum Kriege, und auch die französischen Truppen waren in Bewegung. Um ihnen zu entgehen, machte er einen Umweg durch Baiern und besuchte in Nürnberg Hegel, welcher damals Director des Gymnasiums war. Schon diese erste persönliche Berührung war nicht ganz ohne eine Dissonanz. Denn Neanders Seele war erfüllt von patriotischer Begeisterung und von zuversichtlicher Hoffnung auf das Gelingen des heiligen Krieges. Hegel dagegen war ganz von der Ueberlegenheit Napoleons bezwungen. Wer könne hoffen, erwiderte er, gegen diesen Mann etwas auszurichten. Er hatte nichts gemein mit dem, was ihm Schwärmerei des Gefühls zu sein schien und es gab viele Männer in der damaligen Zeit von kühler und skeptischer Natur, die die Befürchtung mit ihm theilten, daß man einer Niederlage entgegen gehe, welche die unglücklichen Zustände noch unerträglicher machen werde. Diesmal aber verlieh Gott der Hoffnung die schönste Erfüllung und Neander, der überzeugt war, daß es die Folgen des Unglaubens gewesen seien, die unser Volk im Innern zerrüttet und nach Außen ohnmächtig gemacht hätten, sah es mit froher Erwartung, wie mit der Wiedergeburt des Vaterlandes auch eine Erneuerung der Nation zu christlichem Glauben einzutreten schien.

Was Preußen in jenen Zeiten mit hochherziger Begeisterung und mit unvergleichlichen Thaten des Heldenmuthes und der Aufopferung zur Befreiung von dem Joche des raubgierigen Nachbarvolkes gethan hatte, was es fernerhin für die Pflege der geistigen Güter, für Schulen und Wissenschaft leistete, fesselte ihn an diesen Staat. Bald nach seiner Ankunft empfing er einen neuen Beweis von der rücksichtsvollen Behandlung, welche die damalige preußische Regierung den Männern der Wissenschaft zuwandte. So ärmlich die Einkünfte des Staates waren, ließ der König doch den akademischen Lehrern — vielleicht auch anderen Beamten — ein Jahresgehalt zum Voraus zahlen, weil Noth= stände eintreten könnten, die ihn an regelmäßiger Zahlung hindern möchten. Neander hat das nicht vergessen. Nie= mals stellte er eine Forderung um dauernde oder außer= ordentliche Zulagen, auch nicht bei den Gelegenheiten, die gewöhnlich dafür benutzt werden, obgleich gemäß der Spar= samkeit der preußischen Finanzverwaltung, sein Gehalt nie die Höhe von 1500 Thalern überstieg und in den letzten beiden Jahrzehnten hinter demjenigen, was andere theo= logische Collegen empfingen, weit zurück blieb. Er war für ein Gesuch solchen Inhalts zu bescheiden und zu stolz zu= gleich. Nichts wäre unvereinbarer mit seinem Namen ge= wesen, als die Absicht, sich ein Vermögen zu sammeln. Kaum daß er mit Hülfe seines literarischen Erwerbes ein Kapital sammelte, um zwei kranke Geschwister zu unterstützen und den Unterhalt der Schwester, welche ihn überlebte, einiger= maßen sicher zu stellen. Da beide Geschwister wohlthätig und gastfrei waren, so war seine äußere Lage zwar aus= kömmlich, aber auch in den letzten Jahren so wenig glänzend, daß er sich nicht selten den Ankauf eines theuren Werkes versagte. Wiederholt ließ ihm der Minister Altenstein einen Zuschuß zu den Kosten einer Reise nach Karlsbad zukommen. Neanders würdiger Freund, der Geheime Rath Nicolovius, welcher wußte, daß sein Zartgefühl dadurch verletzt werden konnte, kleidete dann die Bewilligung in den Ersatz für die Kosten eines Auftrags, um dessen Ausführung er ihn er= suchte, oder er verdeckte die Unterstützung durch eine seine Form anderer Art. Neander erkannte auch die hervor= stechende Bedeutung, welche damals Berlin und seine Uni=

verfität insbesondere, für Politik und Wissenschaft in sich trug. Die erstere ließ er außerhalb seines Bereiches, die andere aber war schon für sich allein hinreichend, ihn an diese gesegnete Stätte seiner Wirksamkeit zu binden und die vortheilhaftesten Berufungen abzulehnen. Oft erwog er, namentlich auf Anlaß neuer Anstellungen, ob es nicht für das Gedeihen der Wissenschaft am förderlichsten sei, wenn man so viel es möglich wäre, die größten Talente an einer Universität vereinigte. Denn obwohl die Vortheile ihrer Vertheilung an verschiedene Orte nicht gering anzuschlagen seien, so würde doch durch jene Vereinigung eine gewisse frei anerkannte Autorität hervorgebracht werden, welche theils bei der Jugend, theils bei den akademischen Lehrern der Willkür und Anarchie in der Wissenschaft Schranken zu setzen vermöge. Es war die protestantische Umgestaltung eines Gedankens, den Johann Gerson im 15. Jahrhundert aussprach. Er war damals schwer ausführbar und noch schwerer in unseren Zeiten.

Die äußere Erscheinung Neanders hatte etwas sehr sonderbares und war in Berlin auffälliger, als an einem andern Orte. Sein Wuchs war von mittlerer Größe und von entsprechendem Bau der Glieder. Der Kopf war physiognomischen Schlüssen auf ein großes Talent nicht eben günstig. Nach oben stark gerundet, war er von dickem schwarzem Haar bedeckt, welches eine Stirn von mäßiger Breite und Höhe frei ließ. Die Nase hatte nach unten hin eine etwas jüdische Biegung und wurde oben nach beiden Seiten hin überragt von den weit vorspringenden, ungewöhnlich starken schwarzen Augenbrauen. Wäre unter ihnen der scharfe Blick eines glänzenden Auges hervorgeschossen, so hätten sie dem Gesichte etwas Unheimliches geben können, aber sie überschatteten nur ein Paar freundliche, braune Augen, welchen man, wenn er sie zeigte, etwas von der

Stumpfheit anmerkte, die ein Zeichen großer Kurzsichtigkeit
ist. Für gewöhnlich hielt er sie geschlossen bis zu dem
Grabe, daß Andre nichts von ihnen gewahrten und sie ihm
nur das Wenige von der Welt zeigten, dessen er bedurfte.
Es schien, daß allein die Dinge für seine Betrachtung Werth
hätten, welche er mit dem Auge der Seele zu erfassen ver=
mochte. Nur wenn er las, oder wenn er im persönlichen
Gespräche tief bewegt, nachdrücklich oder feierlich redete,
schlug er die Augen auf. Wenn er auf seinen Wegen zum
Thiergarten oder zur Universität, fast die einzigen, die er
betrat, langsam neben seiner Schwester einherschritt, im
langen dunkelgrünen Oberrock, die Beinkleider in hochschaftige
Stiefel hineingesteckt, die fast geschlossenen Augen nach oben
gerichtet, so daß der große runde Hut rückwärts zeigte, so
war es nicht zu verwundern, daß sehr häufig Leute lächelnd
stehen blieben und Einer dem Anderen sagte: das ist Neander.
Um seines Ruhmes und seiner barocken Erscheinung willen
war er bei einem großen Theil der Berliner Bevölkerung
gekannt und geehrt. Als er einst von einer Reise zurück=
kehrte, machte der Polizeibeamte des Bahnhofs in Berlin
Schwierigkeiten, ihn passiren zu lassen, weil Neander keine
Paßkarte bei sich hatte. Da die Verhandlungen sich hin=
zogen, rief eine Stimme aus der Mitte der dabeistehenden
Berliner: J, wer kennt denn den Professor Neander nicht!
Dies fand so große Zustimmung bei den Umstehenden, daß
der Beamte sein Bedenken aufgab. Dem Studirenden,
welcher erwartungsvoll die erste Vorlesung besuchte, mußte
seine Erscheinung befremdlich sein, selbst wenn er darauf
vorbereitet war. Raschen Schrittes ging Neander bis zur
Mitte des großen Auditoriums, wo sein Katheder stand.
Das bleiche, zuweilen gelbliche Gesicht trug die Züge tiefsten
Ernstes und konnte unter seinen mächtigen Brauen dem,
welcher sein Inneres nicht kannte, finster erscheinen. Das

Katheder, ohne Vorder= und Seitenwände, ließ den Blick frei auf die ungraziösen Linien der Gestalt, die er nun annahm. Abwechselnd auf dem einen der hochgestiefelten Beine stehend, das andere überschlagend, lagerte er den Oberkörper auf das Pult, den Kopf tief auf das Buch oder den Memorir= zettel gebeugt, den rechten Arm zur Stütze gebrauchend, mit der linken Hand abgenutzte Gänsefedern zerstampfend, von denen ihm pietätsvolle Studenten einen Vorrath hinlegten, damit er sich nicht durch Aufschlagen der Hand Schmerzen verursache. Dazu kamen die Symptome einer Krankheit der Drüsen im Munde, welche ihn und auch den Beobachter peinigten.

Aber die Erhabenheit seines Geistes kann an dem Kon= trast bemessen werden, in welchem der Eindruck seines Wortes gegen diese wunderliche und unschöne Außenseite stand. Eine männliche, aber nicht zu tiefe Stimme, von seelenvollem Klange erscholl. Bald empfand der Zuhörer, daß in diesen Ton die Schwingungen der heiligsten Gefühle hineinwirkten; er fühlte sich ergriffen von der unmittelbaren Gewalt eines Lebens in der göttlichen Wahrheit. Eine Weihe verbreitete sich über die Versammlung, man vergaß die bizarre Gestalt des Redners, wie der Durstige das rauhe Gestein nicht be= achtet, aus dem der Quell kommt, welcher ihn labt. Nicht lange dauerte es, so hatte der Mann die Liebe des Zuhörers in dem Maße gewonnen, daß er auch das Aeußere nicht anders wollte, sondern die ganze Persönlichkeit, in welcher Schwäche und Kraft sich in origineller Weise vereinigte, liebte so wie sie war. Denn was das Herz in der Regel tief und dauernd mit einem theologischen Lehrer verbindet, daß der Glaube an den Erlöser und der Friede, der von ihm kommt, in die Seele gepflanzt, und daß die Zweifel von dem Hauch einer Gott geweiheten Wissenschaft zerstreut und begrenzt werden, das haben in der Zeit seiner Berliner Wirksamkeit

Tausende von Jünglingen erfahren, deren Gemüth an seiner Gluth zur Liebe für das Evangelium entzündet wurde. Mancher begabte akademische Lehrer wird, gemäß seiner Eigenthümlichkeit, an der einen Stelle durch wissenschaftliche Genauigkeit und Schärfe, an der andern, die dann um so kräftiger hervortritt, durch die Wärme christlicher Ueberzeugung die Zuhörer bewegen. Neanders akademisches Charisma war dagegen die fortdauernde und harmonische Durchdringung beider Elemente. Sein Vortrag schattirte wohl in der einen oder der anderen Richtung, nie aber fiel beides auseinander. Es schien zu seiner Vorbereitung zu gehören, daß er den Wallungen des frommen Gefühls bis zu dem Punkte ihren Lauf ließ, wo sie in ruhigerem Flusse sich mit den scharfen Begrenzungen des wissenschaftlichen Verstandes zu einigen vermochten. Daher vermieden seine Vorlesungen das blos Erbauliche; er sprach wohl hie und da pathetischer, aber er bediente sich keiner Apostrophen oder Paränesen, er verwarf auch als unwissenschaftlich die cursorischen Vorlesungen zur Erklärung der Bibel, welche in der pietistischen Theologie beliebt waren. Aber gleich dem Pendelschlag, der das Uhrwerk regulirt, so beherrschten die religiösen Motive in seinem Vortrag das wissenschaftliche Getriebe. Wie bei Augustin und Anselm von Canterbury, so war auch bei ihm das Denken zugleich Andacht, und keiner der neueren Gelehrten ist jenen darin in gleichem Maße verwandt. Wer vermochte ohne Rührung zu hören, wenn der Name des Erlösers über seine Lippen kam und er mit innerer Bewegung seine Worte und seine Thaten schilderte, langsam im Vortrag fortschreitend, wie wenn er in stiller Andacht bei ihnen verweilte. Er bereitete sich mit großer Sorgfalt auf die Vorlesungen vor, von Morgens um sechs bis um eilf Uhr, und diese Vorarbeit war nicht nur auf die Beherrschung des Gegenstandes in seinen allgemeinen

Beziehungen und in seinen Einzelheiten gerichtet, sondern sie war zugleich innerste Sammlung des Geistes. Für diese Zeit war er deshalb für Niemand zugänglich und ebenso in den zehn Minuten, welche er als Pause zwischen die einzelnen Vorlesungen legte, vermied er jede Unterhaltung und ging schweigend und theilnahmlos in dem Versammlungszimmer der Docenten auf und nieder. So erfaßte er seine tägliche Aufgabe mit ganzer Kraft und der letzte Grund seiner großartigen akademischen Wirksamkeit lag darin, daß er das Ganze seiner einfach großen Persönlichkeit in das gesprochene Wort zu legen verstand. Während er sich in den Gegenstand versenkte, nur mit ihm beschäftigt schien, zielte doch die ganze Arbeit darauf, die Zuhörer in dieselbe Liebe zur göttlichen Wahrheit hineinzuziehen und sie durch die Methode christlicher Wissenschaft zu erziehen. Dazu gehörte andrerseits, daß er die Gegenstände, welche er in den Vorlesungen behandelte, stets mit lebendiger und einheitlicher Anschauung des Ganzen auffaßte. Die Kunst, mit der er in den geschichtlichen Vorlesungen die Einzelheiten und Aeußerlichkeiten mit dem Lebensgesetz des Christenthums und dem Organismus der Entwicklung in Zusammenhang brachte, war groß, größer aber noch, weil für die Darstellung schwieriger, in den Neutestamentlichen Vorlesungen die Verknüpfung der Textkritik, der verschiedenartigen Auffassungen und der Urtheile über dieselben mit seinem eigenen Verständniß des Inhaltes. Er wußte hier so geschickt das Maß in der Ausbreitung zu bewahren, so glücklich jedes an die Stelle zu setzen, wo es als ein nothwendiges Glied des Zusammenhanges erschien, er führte den biblischen Gedanken von Satz zu Satz und Wort zu Wort so sicher durch alle jene Windungen und Engen hindurch, daß der Zuhörer sich fast ununterbrochen von dem lebendigen Flusse der apostolischen Rede getragen glaubte. Seine innige Vertrautheit mit dem N. Testament, welches nie von seinem Arbeitstische kam, seine philologische Bildung und umfassende Kenntniß der griechischen Literatur, das Ungekünstelte der Auffassung und der feine geschichtliche Sinn neben den Vorzügen jener kunst= vollen Darlegung, gaben seinen Vorlesungen über das Neue Testament einen hohen Werth. Sie standen hinter dem Besten, was die Exegese unseres Jahrhunderts geleistet hat, nicht zurück. Dennoch hielt er selbst sich nicht berufen, Commentare für den Druck zu bearbeiten; nur einige der kleineren Briefe hat er unter dem Gesichtspunkt des Prak= tischen in kurzen Erläuterungen behandelt und für den Druck bestimmt. Sie legen Zeugniß ab von seiner Frömmigkeit und seinen Beobachtung. Aber einen vollständigern Schluß auf seine Bedeutung als Exeget gestattet sein Leben Jesu, welches unter den Gegenschriften gegen das gleichnamige Werk von Strauß einen der ersten Plätze einnimmt. Denn wenngleich eine Kritik, welche die Realität des Wunders voraussetzte, aber an den Einzelheiten der Berichte eine freie Methode übte, weder den Beifall der negativen Kritiker fand, noch die An= hänger der kirchlichen Tradition befriedigte, so werden doch andere hierin die Wahrheitsliebe und das Maßvolle der Kritik schätzen, und die Kenner der Auslegungswissenschaft werden in den kurzgefaßten Resultaten die gelehrte Arbeit, welche sie voraussetzen, und die bezeichneten Vorzüge seiner exegetischen Methode wahrnehmen. Seine Vorlesungen erstreckten sich nicht nur auf die Kirchen= und Dogmengeschichte, wozu er im letzten Jahrzehnt noch eine Entwicklung der Kirchen= geschichte in ihren inneren Gegensätzen hinzufügte, gewisser= maßen eine Philosophie der Kirchengeschichte, und auf den größten Theil des N. Testamentes, sondern auch auf Dogma= tik, den Gegensatz des Protestantismus und Katholicismus, christliche Ethik und Geschichte der Ethik. Zu der letzteren gehören dem Inhalte nach die tiefsinnigen Abhandlungen über das Verhältniß der hellenischen und christlichen Ethik. Alle diese Vorlesungen haben eigenthümlichen Werth; einige derselben sind deshalb auch von D. Erdmann, D. Beyschlag, D. Meßner und mir herausgegeben worden; aber nicht mehr gestützt durch die unmittelbare Wirkung der einzigartigen Persönlichkeit, läßt der Buchstabe nicht von fern den Eindruck erkennen, welchen das lebendige Wort machte. Es fehlt der würdevolle Ton, der warme Hauch der Liebe und Begeisterung, der von dem geliebten Lehrer ausging; es fehlt die Mitbewegung, in welche das Schaffen, das dem Moment gehört, den Zuhörer unmittelbar versetzt. Denn zwar umfaßte er mit seinem seltenen Gedächtniß und Wissen die Fülle des Stoffes, aber die jedesmalige Gestalt war die Frucht des Augenblicks. Unter seinem Nachlaß hat sich kein einziges geschriebenes Heft gefunden.

Die einzigen äußeren Hülfsmittel, deren er sich während der Vorlesungen hin und wieder bediente, waren Zettel mit einzelnen Wörtern, welche ihm Gegenstände in systematischer oder historischer Folge oder exegetische Merkmale bezeichneten. Sicher, ohne Versprechen, kaum jemals sachlich irrend, in gleichartig gebauten, oft ziemlich langen Perioden, glitt der Vortrag dahin mit dem gleichmäßigen Wellenschlag eines immerfort frisch aus der Tiefe quellenden lebensvollen Stromes. Er sprach so gut, als er schrieb; man darf vielleicht eben darum sagen, daß er besser sprach, als er schrieb. Manchem war die Einfachheit und Gleichheit, die selten durch plastische Formung äußerer Gestaltungen oder durch Ironie und Witz eine Abwechselung erhielt, zu eintönig und ermüdend; aber doch nur dem, welcher für die seltene schöpferische Kraft, Frömmigkeit und Wissenschaft unzugänglich war. Täglich zwei bis drei Stunden hinter einander setzte er seine Vorlesungen fort, und die Zuhörer bewunderten die Treue des Gedächtnisses, die unerschlaffte Kraft des

Vortrages; sie hätten sehr oft noch vielmehr Grund gehabt, die Pflichttreue und die Energie der Selbstüberwindung zu bewundern, mit der er schwere körperliche Hemmungen und heftige Schmerzen siegreich niederkämpfte, so daß der Andere ihrer kaum gewahr wurde. Es mußte schon ein sehr peremp= torisches Gebot des Arztes erfolgen, wenn er um einer Krankheit willen die Vorlesungen aussetzen sollte, und weil sein Arzt wußte, wie sehr sein Geist seinen Körper stützte, so pflegte er ihn so früh als möglich zur Wiederaufnahme seiner Thätigkeit kommen zu lassen. Sie war für Neander ein Mittel zur Genesung.

Die Werkstätte seines stillen Schaffens, seine Studir= stube, verrieth dem Beschauer, daß sie die eigentliche Welt ihres Bewohners sei. Sie hatte einen Raum von etwa 16 Fuß im Quadrat, und war an der ganzen Wandfläche bis zur Decke hinauf mit Büchern besetzt. Hier standen die grundlegenden Werke der Kirchengeschichte, die Schriften der Kirchenväter, in dem stattlichen Folioformat, die Schola= stiker, die gewaltigen Sammelwerke und Concilienacten, treffliche Ausgaben auch der Klassiker, namentlich der wich= tigsten Philosophen; die oberen Reihen bestanden aus den Werken der späteren, namentlich der neueren Zeiten. Den inneren Raum durchschnitt in geringem Abstand eine zweite Bücherwand, welche durch ein Sopha und einen Tisch etwas verdeckt war; beide Möbel und einige wenige Stühle, alles von höchster Einfachheit, machten die übrigen Geräthschaften des Zimmers aus. Nur ein sehr schmaler Gang die Wände entlang gestattete eine vorsichtige Bewegung, selbst der Tisch war nur von zwei Seiten zugänglich, auf den anderen war er umschlossen von den mehr als fünfzig riesenhaften Bänden der Acta Sanctorum und anderen ebenbürtigen, und wenn eine größere Anzahl von Besuchern sich versammelte, mußte mühsam Raum geschafft werden. Die Bibliothek besaß

großen Werth, vornehmlich durch die vorzüglichen Ausgaben
patristischer und scholastischer Werke; nicht wenige derselben
waren ihm als Zeichen der Liebe von Studirenden über=
reicht. Die ganze Sammlung ward bald nach seinem Tode
unter der Ungunst der Zustände nach Amerika verkauft.
Mit Vorliebe erwarb Neander Quellenwerke; denn es
ist charakteristisch für seine Geschichtschreibung, daß sie mit
bewunderungswürdiger Lectüre der Quellen die Darstellung
gleichsam neu aus denselben hervorgehen läßt, dagegen die
abgeleiteten Arbeiten weniger heranzieht, als andere Histo=
riker zu thun pflegen. Die Leichtigkeit, mit welcher er sich
der Sprachen bemächtigte, gestattete ihm auch die gelehrte
Literatur neuerer Nationen in ihrer ursprünglichen Gestalt
zu lesen. Das Englische und Französische las und sprach er
mit großer Fertigkeit, obgleich mit geringer Eleganz der
Aussprache; auch des Italienischen und Niederländischen
hatte er sich bemächtigt, so weit es das Bedürfniß seines
Studiums erforderte. Nur die semitischen Dialecte scheinen
ihm fern geblieben zu sein, mit Ausnahme des Hebräischen.
Die Kenntniß dieser Sprache führte er indeß nicht über den
nächsten exegetischen und dogmatischen Bedarf hinaus, und
die historischen und kritischen Forschungen über das A. Testa=
ment verfolgte er nur insoweit, als sie religionsgeschichtliche
Bedeutung hatten. Der Umfang seiner Sprachkenntniß,
welche in den klassischen Gebieten eine sehr gründliche und
genaue war, würde ohne die Schnelligkeit der Auffassung
und die Sicherheit des Gedächtnisses unmöglich gewesen sein.
Hievon ein Beispiel: Wer die Schriften des Origenes kennt,
weiß auch, daß er wegen seiner langen Perioden mit ver=
wickeltem Satzbau, wegen der allegorischen Künsteleien seiner
Exegese, und wegen der Willkür und Weitschweifigkeit in
der Methode seiner Beweisführung zu den schwierigsten
Schriftstellern gehört. Neander, welcher ihn in den Seminar=

übungen zu benutzen pflegte, vermochte in den letzten Lebens=
jahren ihn wegen seiner Augenschwäche nicht mehr selbst zu
lesen. Er mußte sich beschränken, der Vorlesung des Textes
zuzuhören; er beherrschte ihn aber dessen ungeachtet so voll=
ständig, daß er die Uebersetzung und Auslegung mit gleicher
Genauigkeit leitete, wie in früheren Zeiten.

Es würde zu wenig sagen, wenn man den eisernen Fleiß,
mit welchem er arbeitete, aus seiner Gewissenhaftigkeit er=
klären wollte. Sie hatte einen großen Antheil daran, aber
der Beruf des akademischen Lehrers und gelehrten Theologen
war zugleich das Element, in dem er lebte; diese Thätigkeit
war der Genuß, welcher ihn befriedigte, sie war ihm von
der Jugend bis zum Alter, in Vorbereitung und Erfüllung,
zur zweiten Natur geworden. Mit einem Gefühl besonderer
Verwandtschaft gedachte er der eisernen Ausdauer des Ori=
genes, des χαλκέντερος, welcher nicht einmal während
seines kärglichen Mahles von seiner literarischen Beschäfti=
gung abließ. Aehnlich saß auch Neander über die Bücher
gebeugt von frühem Morgen, bis der Student eintrat, der
das Amt übernommen hatte, ihn nach der Universität hin=
überzuführen. Nach einer Pause, die oft kaum eine Stunde
betrug, und in welche sich Mittagbrod und Ausruhen zu=
sammendrängte, stand er wieder bereit, die zahlreichen Be=
suche der Studirenden zu empfangen, die mit Fragen und
Bitten verschiedenster Art zu ihm kamen. Um vier Uhr
pflegte seine Schwester einzutreten und ihn darauf aufmerksam
zu machen, daß die Zeit seines Spazierganges da sei. Ge=
wöhnlich wäre er am liebsten bei seiner Arbeit geblieben;
die Schwester aber hielt es für nöthig, daß er sich Bewegung
mache. Hierauf entstand häufig ein Wettstreit der Liebe;
jedes Geschwister wollte nur um des Andern willen gehen,
bis sie sich auf den Weg machten, dessen ärztlich vorge=
schriebene Länge durch einen Ort im Thiergarten bezeichnet

war. Neander hatte oft das Bestreben, vor dem Zielpunkt umzukehren, die Schwester aber hielt um so strenger auf das Gesetz. Ich sah einst, daß sie, als er hartnäckig stehen blieb, allein den letzten Theil des Weges und zurück ging, damit kein Präcedenzfall geschaffen werde. Kaum zu Hause angelangt, kehrte er mit Heißhunger zu der Arbeit zurück, welche auch auf dem Spaziergange, wofern er nicht etwa Gespräche führte, in seinem Geiste ununterbrochen fortgedauert hatte. Er arbeitete ohne nervöse Aufregung, jedoch mit großer Concentration des Geistes und er würde die Anspannung nicht ertragen haben, wenn ihm nicht ein in der Regel fester und gesunder Schlaf verliehen gewesen wäre. Eine Kürzung desselben vermochte er schwer zu ertragen. Er suchte Erfrischung in dem Wechsel der Gegenstände; zuweilen erhob er sich auch und sah einen Moment den harmlosen Bewegungen der Vögel zu, die an seinem Fenster ihren Käfig hatten, oder er trat in das Zimmer seiner Schwester, um ihr ein freundliches Wort zu sagen. So verging der Tag nach gleicher Ordnung, und auch für die Ferienreisen rüstete er sich mit einem reichlichen Vorrath von Büchern aus. Seine Regel war, man müsse arbeiten, wie wenn jeder Tag der letzte wäre. Und dennoch that er sich nie genug. Als er etwa 60 Jahre alt war, machte ihn jemand darauf aufmerksam, daß sich an seinem Haupte hie und da ein weißes Haar zeige. Das ist ein Zeichen, erwiderte er, daß ich viel mehr hätte arbeiten müssen.

Es war bewunderungswürdig, wie schnell er sich des Inhaltes eines Werkes bemächtigte. In neuen Büchern, die nicht gerade durch eigenthümliche Ideen hervorragend waren, hatte er sich orientirt, indem er sie zu durchblättern schien. Man kann auf ihn anwenden, was man von Melanchthon gesagt hat, daß er mit den Fingerspitzen gelesen habe. Für das was charakteristisch war, und was auf der Bahn seiner

eigenthümlichen Geschichtschreibung lag, besaß er einen Spür=
sinn von außerordentlicher Schärfe, während er an dem ihm
Fremden vorüberging. Die bemerkenswerthen Stellen
notirte er mit der Seitenzahl und einem Erinnerungswort
auf den inneren Deckelseiten und den weißen Blättern des
Buches. Hierin bestand ein großer Theil seiner Collec=
taneen; denn sein Gedächtniß war noch in seinen letzten
Jahren so frisch, daß er sehr häufig die Erinnerung an die
Notiz fest bewahrte und der Anblick derselben ihm genügte,
sich den ganzen Inhalt zu vergegenwärtigen, worauf sie
zurückdeutete. Seine Gelehrsamkeit in den Gebieten, auf
die sich seine Vorlesungen erstreckten, und namentlich in der
historischen Theologie, war eine staunenswürdige, und zeigte
sich nicht nur in demjenigen, was er in seinen Werken und
Vorlesungen niederlegte, sondern auch in den beiläufigen
Bemerkungen des freien Gespräches. Mancher hätte sich
reich dünken mögen, wenn er die Brosamen gehabt hätte,
welche von seinem Tische fielen. Seine Kenntnisse waren
aber durchaus verschieden von einem Vorrathe äußerlicher
oder pikanter oder spaßhafter Wahrnehmungen. Für der=
gleichen Dinge hatte er weder Aufmerksamkeit noch Theil=
nahme. Nur was mit seinen wissenschaftlichen Zwecken im
Zusammenhange war, was ernst, was charakteristisch für die
Wirkungen göttlicher Kräfte und für menschliche Eigenthüm=
lichkeiten war, nur für solche Merkmale besaß er Sinn, Ge=
dächtniß und stete Bereitwilligkeit, sie mitzutheilen.

Diese geistige Arbeit führte er in einem, man darf sagen
heldenmüthigen Kampfe mit seinem Körper durch. Schon
in seiner Jugend zeigte sich die Schwäche desselben. Der
Baron von Kottwitz sagte, daß seit seinem fünfzehnten Jahre
die Aerzte die Besorgniß hatten, der Körper werde vor
Ablauf eines Jahres zusammenbrechen. Uebermäßige An=
strengungen in seiner Studienzeit und schlechte Nahrung

haben seine Gesundheit noch mehr in's Schwanken gebracht.
Denn er lebte als Student auf Zeiten von Milch und Brod,
während leichtere Genossen, seine Gutherzigkeit mißbrauchend,
sein Stipendium für sich verwandten. Er hatte später wohl
kaum jemals das Kraftgefühl, was aus der Frische körper=
licher Gesundheit stammt, doch muß er dennoch eine gewisse
Zähigkeit besessen haben, welche unterstützt von einer regel=
mäßigen und höchst enthaltsamen Lebensweise ihn bis zum
zweiundsechzigsten Jahre gelangen ließ. Häufig wurde er
von heftigen Schmerzen geplagt, die glücklicher Weise den
Kopf frei ließen; noch vielmehr von Beschwerden, die das
körperliche Gesammtbefinden bedingten, und über welche er
sich durch die Kraft des Gebetes und des Pflichtgefühls
emporschwang; endlich trat als das bitterste Leid in den
letzten Jahren die Verdunkelung der Augen hinzu. Auch
das trug er ergebungsvoll, ohne Verbitterung des Gemüthes.
Nur zuweilen erwiderte er auf eingehendere Fragen nach
seinem Befinden: Ach, wenn es nur Schmerzen wären, die
könnte man schon ertragen. Daher hatte es eine sehr per=
sönliche Bedeutung, wenn er in den Vorlesungen und wieder=
holt auch bei gelegentlichen Ansprachen an die Studirenden
äußerte: Das christliche Märtyrerthum bestehe nicht blos
darin, daß man willig sein Blut für den Namen Christi
vergieße, sondern auch das sei ein Märtyrerthum, daß man
geduldig die Leiden ertrage, welche Gott auflegt. Die ein=
sichtigeren Zuhörer dachten dabei an sein vorleuchtendes
Beispiel und sie erkannten in ihm die virtus Dei in infir-
mitate refulgens, welche er so gern an großen Männern
der Geschichte, an Paulus, an Bernhard von Clairvaux dar=
stellte, die Kraft Gottes, deren Herrlichkeit um so heller
strahlte, je gebrechlicher der Mensch war, welchen sie zu
ihrem Werkzeuge gebrauchte.

Es war eine ungemeine Energie des Willens, mit der

er sich und die Aufgaben seines Berufes beherrschte, und doch war sie äußerlich beschränkt auf den engen Raum seiner Studirstube und seines Auditoriums. Denn seine Eigenthümlichkeit wies ihn mit Bestimmtheit auf die theoretische Arbeit, auf die gelehrte Forschung, auf Contemplation vielmehr, als auf praktische Gestaltung der kirchlichen Ideen. Wäre er in der katholischen Kirche erzogen worden, so wäre er vielleicht einer jener gelehrten Benedictiner geworden, unter deren Folianten er sich heimisch fühlte. So lebte er in dem brausenden Leben der Hauptstadt, in dem Zusammenfluß und Widerstreit unzähliger Bestrebungen, zwar keineswegs unberührt von dem Bedeutenden in ihnen, aber ohne die Erregbarkeit des Geistes, welche denselben bei so vielen Antrieben von außen her in fortwährenden Schwingungen erhält und seine Thätigkeit auf die umgebenden Ereignisse und Zustände richtet; zwar keineswegs zurückgezogen von den Menschen, aber doch so weit in der Stille, daß er der Geselligkeit, den Anforderungen und den Conflikten, welche sich an ihn drängten energisch die Grenzen zog, um sich in der einsamen Thätigkeit zu sammeln, die er als seinen von Gott gesetzten Beruf, und deshalb als seine Pflicht erkannte. Der liebenden Fürsorge seiner Schwester Johanna verdankte er nicht zum geringsten Theile die ungestörte Ruhe, mit welcher er sich seiner gelehrten Berufsarbeit überlassen konnte. Auch sie besaß nicht gerade eine starke Mitgift äußerer Anmuth; ihre Bewegungen hatten etwas Eckiges; aber desto gewandter war ihr Geist; sie war klug, witzig, schlagfertig zu Erwiderungen, sehr kenntnißreich; das Englische und Französische war ihr geläufig und die classischen Sprachen ihr nicht ganz fremd. Wie sie überhaupt gern scherzte, so redete sie wohl den Bruder mit ein paar griechischen Worten an. Sie war bald nach ihm zum Christenthum übergetreten, begab sich mit der Mutter zu ihm nach

Heidelberg, begleitete ihn nach Berlin und lebte nur für ihn; da er starb, war auch ihr Leben gebrochen. Sie besaß genug von praktischem Geschick, um die Kasse zu führen und die tägliche Ordnung des Haushaltes zu leiten. In dieser Beziehung hatte er also niemals einen Anlaß zu dem Wunsche, sein Haus mit einer Gattin zu theilen; dennoch lag ihm diese Absicht in den ersten Zeiten seines Berliner Aufenthaltes nicht eben fern, und man bezeichnete auch einen Kreis, dem er sich nicht ungern durch die Wahl einer Gattin verbunden gesehen hätte. Er hielt es für selbstsüchtig, sich auf alle Fälle gegen die Ehe abzuschließen; aber andrerseits für erforderlich für einen Christen, die inneren und äußeren Bedingungen nach den göttlichen Fügungen zu erwarten. Da ihm nun diese nicht kamen, so unterblieb jeder bestimmte Schritt zur Verheirathung und man sieht auch nicht recht ab, wie bei seiner Art zu sein und zu leben es anders hätte kommen können. Seiner Unfähigkeit für die gewöhnlichen Geschäfte des täglichen Lebens war er sich bewußt; es war etwas rührend Kindliches in der Verlegenheit, in welche ihn die Anforderungen derselben, namentlich unerwartete Begeg= nisse zu Hause und auf Reisen versetzten, und rührend auch die Dankbarkeit, welche er für seine Schwester und für andere Helfer in solchen Nöthen empfand. Aus dergleichen kleinen Ereignissen, wirklichen und erdichteten, hat sich ein Sagen= kreis seiner Ungeschicktheiten um ihn gebildet. Es wird nicht unangemessen sein zu bemerken, daß diese Legenden entweder ganz erdichtet sind, oder die Wahrheit doch da aufhört, wo das Spaßhafte anfängt.*) Er konnte wohl

---

*) Ich will ein Beispiel angeben, wie sehr diese Erzählungen der Kritik bedürfen. Als er einst von Berlin nach Hamburg reiste und man ihm an der Grenze den Paß abforderte, öffnete er seine Brieftasche. Ein Beamter griff in ungezogner Weise hinein, indem er sagte: Ich sehe, Sie sind straffällig, Sie haben

Proben geben, daß er in einer sehr gewöhnlichen praktischen Sache nicht Bescheid wisse, auch dies offen zugestehen, aber er besaß zu viel Verstand und Ernst, um sich lächerlich zu machen. Wahr ist dies, daß er nie in einer anderen Straße von Berlin sich zurecht finden gelernt hat, als in der, welche ihn zum Thiergarten, und welche ihn zur Universität führte. In jeder anderen war er völlig richtungslos. Als er einst in die Vorlesung gehen wollte, fand er die Truppen zwischen sich und der Universität in Parade aufgestellt. Vergeblich versuchte er, die Linien der Garde zu durchbrechen, und da er keinen anderen Weg einzuschlagen wußte, so blieb nichts übrig, als die Vorlesung auszusetzen, beinahe das einzige Mal, wo er sich dazu verstand, ohne durch Krankheit ge= nöthigt zu sein.

Nichts lag ihm ferner als die Theilnahme an politischer Praxis. Zwar die geschichtliche Einwirkung und die sitt= liche Bedeutung wichtiger politischer Ordnungen und Ereig= nisse ließ ihn nicht unberührt, aber das Urtheil über die unwichtigere Politik des Tages überließ er den Zeitungen und kümmerte sich auch um diese wenig. Die Professoren theilten sich überhaupt bis zum Jahre 1840 in leidenschaft= liche Politiker und in solche, welche die Beschäftigung mit der Politik als ihrem Berufe fremd und ihn störend ansahen, und zu diesen gehörte Neander. Doch besaß er so viel Be=

einen Brief in der Brieftasche. Neander erwiderte: Sie haben gar kein Recht zu solchem Benehmen; es ist ein Empfehlungs= schreiben. Da jener nicht nachgab und den Reisekoffer zum Pfande zu behalten drohte, erklärte Neander, er werde sich beschweren und ließ seinen Koffer im Stich. Er führte seinen Vorsatz aus, und war kaum in Hamburg angekommen, als er mit vielen Ent= schuldigungen sein Eigenthum zurück erhielt. Hieraus hat man die Anecdote gemacht, daß er gefragt habe, ob es strafbar sei, Briefe mit sich zu nehmen? Er habe noch einen zweiten.

sonnenheit auch im politischen Urtheil, daß er sein Bedenken
äußerte, als der König Friedrich Wilhelm IV. mit den be=
rühmten Worten: Niemals, niemals! die Einführung einer
Constitution zurückwies. Denn wie es sich auch mit dem
Werth einer solchen Verfassung verhalten möge, so könne
doch der König nicht wissen, ob die Umstände nicht dazu
nöthigen würden. Als aber im Jahre 1848 die Revolution
mit frevelhafter Gewaltthat Pietät und Gesetz zerriß, wurde
er mit sittlichem Zorn und Abscheu erfüllt. Nicht nur den
Fanatismus der politischen Theorie beklagte er, sondern auch
die Menge der verbrecherischen Menschen, welche das Un=
glück des Volkes seien. Wo er es als eine Pflicht erkannte,
entzog er sich in jenen Zeiten der Noth selbst der politischen
Thätigkeit nicht. Als das Ministerium zum ersten Male
sich aufraffte, um den revolutionären Fluthen Widerstand zu
leisten — wenn ich mich recht erinnere, war es die Wieder=
anknüpfung an den vereinigten Landtag, um welche es sich
handelte, — so ward Neander darauf aufmerksam gemacht,
daß es wichtig sei die Universität zu vermögen, daß sie das
Ministerium durch ihre Zustimmung unterstütze. Er ergriff
den Gedanken, besprach sich mit Ranke darüber und so war
er es, welcher eine Adresse veranlaßte, die von den ange=
sehensten Professoren unterzeichnet ward und für den da=
maligen Augenblick immerhin einige politische Bedeutung
hatte. Als die ersten Wahlen vorgenommen wurden, glaubte
er nicht fehlen zu dürfen. Er ließ sich von seinem Bedienten
an den Wahlort führen und beide gaben als Urwähler ihre
Stimme ab. Sogar eine vorbereitende Versammlung be=
suchte er und erschien zur Ueberraschung Aller auf der
Rednerbühne. Er verstehe nichts von Politik, sagte er, aber
er bitte, daß die Versammlung gottesfürchtigen Männern
ihre Stimme gebe; denn solche würden auch als Abgeordnete
in richtiger Weise wirken. Die Studirenden aber ermahnte

er in einer gelegentlichen Rede: nicht auf Fortschritt oder
Rückschritt komme es an, sondern auf das sursum corda.

Unter den Gnadenbezeugungen, welche der König nach
dem Acte der Huldigung in großer Fülle ausgehen ließ,
geschah es, daß er irrthümlich zum Geheimen Rath ernannt
wurde. Das Versehen, welches ihm durch Fragen und
Scherze, die sich daran knüpften, ein wenig verdrießlich war,
wurde bald verbessert und ihm der Titel eines Ober = Consi=
storialraths gegeben. Mitglied des Consistoriums war er schon
früher; allein ein Antheil an der kirchlichen Verwaltung war
auch damit nicht verbunden, sondern er begnügte sich mit der
Betheiligung an den theologischen Prüfungen. Die Exami=
nanden rühmten die Wärme und Innigkeit des Gebetes, mit
welchem er den Act der Prüfung eröffnete und den Ernst
und die Milde, womit er dies Geschäft vollzog, wenngleich
er die Gegenstände zuweilen in die Einzelheiten verfolgte,
um jenen Gelegenheit zu bieten, daß sie ein genaueres Wissen
zeigen konnten; und sie wurden belohnt durch die freudige
Erregung, welche ihn ergriff, sobald er ein lebendiges In=
teresse für die Wissenschaft an ihnen gewahrte.

Aber diejenige Praxis, welche in der Bethätigung christ=
licher Liebe besteht, war ihm nicht fern. Auf sie hatte er
sein Auge gerichtet, wenn er die Vergangenheit durchforschte,
und wo sie in der Gegenwart an den Aufgaben des Reiches
Gottes arbeitete, folgte er ihr mit regster Aufmerksamkeit
und mitwirkender Theilnahme. Wegen ihres praktischen
Christenthums schätzte er die englische Nation in besonderem
Grade. Er schrieb ihr einen römischen Geist zu und stellte
ihr gern die Deutschen gegenüber, welche in neuerer Zeit
durch Poesie, Philosophie und Wissenschaft überhaupt den
Griechen verwandt seien. Unter andern verfolgte er sehr
genau, was die Engländer und Amerikaner in der Heiden=
mission leisteten. Auf den Südsee=Inseln entsteht eine neue

Welt, sprach er einst mit froher Bewegung. Das ist viel wichtiger als viele Dinge, über welche man bei uns streitet. Ohne Zweifel ist auch die Anerkennung, die er für die Brittische Missionsgesellschaft hegte, einer der Antriebe gewesen, die ihn bewogen i. J. 1823 mit der Aufforderung hervorzutreten, in unserer Kirche eine Gesellschaft für die Mission zu gründen. Durch diesen Anstoß ist er der Begründer der Berliner Missionsgesellschaft geworden. Dagegen hatte er geringes Interesse für die Mission unter den Juden, welche, wie er meinte, auch ohne jene hinreichende Gelegenheit zur Kenntniß des Christenthums hätten. Er sah die Anfänge der freien Liebesthätigkeit zur Hülfe der geistig und äußerlich Verlassenen, welche man unter dem Namen der inneren Mission zusammen zu fassen pflegt, und des Gustav=Adolfs=Vereins mit lebendigstem Antheil und wirkte für sie durch sein einflußreiches Wort. Wiederholt sprach er in Ausdrücken höchster Anerkennung von der apostolischen Einfalt und aufopfernden Thätigkeit des Pastors Jänicke, der von den Vornehmen und Gebildeten meistens verachtet, groß war in der Pflege der geringsten Brüder Christi. Mit dem Baron von Kottwitz war er durch die tiefe Verehrung dieses christlichen Patriarchen und durch gegenseitige Liebe verbunden. Denn obgleich in der theologischen Bildung und Anschauungsweise manches sie trennte, so fanden sie sich doch in dem Centrum des Christenthums, in der Liebe zum Erlöser, wieder zusammen. Kottwitz sagte öfters lächelnd und mit einem leisen Anflug von Ironie: die Wissenschaft ist seine einzige Leidenschaft; aber er schätzte seine kindliche Demuth, seine lautere Frömmigkeit und Wahrhaftigkeit. Neander wünschte die ascetische Betrachtung, nach welcher der Baron nicht selten praktisch christliche und theologische Aufgaben beurtheilte, zuweilen gemildert zu sehen durch die Anerkennung von verschiedenartigen Bedürfnissen

nach) menschlicher Individualität; aber sein eigenes Innere
war durchdrungen von der Kraft ascetischer Frömmigkeit,
und die christliche Ascetik, welche in innerer und äußerer
Selbstbeherrschung besteht, fand in ihm, mitten im welt=
lichen Leben der Hauptstadt, ein Beispiel von seltener Voll=
kommenheit. Neander ward durch Kottwitz's Tod tief er=
griffen; er empfand seinen Verlust als den eines Großen im
Reiche Gottes. Er zeigte ihn seinen Zuhörern, wie er es
bei solchen, schmerzlichen Ereignissen mehrere Male gethan
hat, etwa mit folgenden Worten an: Ich kann nicht unter=
lassen, heut zunächst des theuren Mannes zu gedenken, den
Gott aus diesem Leben so eben abgerufen hat, des Baron
von Kottwitz, der als ein selten begnadigter Zeuge des Evan=
geliums hier in Berlin vielen Seelen ein Führer zu dem
Herrn Jesu Christo gewesen ist, und auch manchem jungen
Theologen nicht blos für sein äußeres Leben, wenn es der
Armuth zu helfen galt, förderlich gewesen ist, sondern auch
für sein inneres Leben den Weg des Heils gewiesen hat mit
Hinweisung auf den, der da spricht: Ich bin der Weg.
Diesem demüthigen Diener Jesu Christi gilt das Wort des
Herrn: Du frommer und getreuer Knecht, gehe ein zu deines
Herrn Freude.*) Goßners Stiftungen für Heidenmission und
Krankenpflege verfolgte Neander mit der hohen Würdigung,
welche dieser originelle und bedeutende Mann bei ihm fand,

---

*) Ich verdanke diese werthvolle Mittheilung meinem ver=
ehrten Freunde, Herrn Generalsuperintendenten D. Erdmann, der
mit Neander innig verbunden und Zuhörer seiner Worte war. —
Zugleich nehme ich Gelegenheit zwei Irrthümer, welche mein
Schriftchen über den Baron Ernst von Kottwitz enthält, dankbar
zu berichtigen. Durch eine gütige Benachrichtigung des Herrn
Consistorial=Präsidenten v. d. Gröben in Posen erkenne ich, daß
das von mir S. 11 erwähnte große Vermächtniß für die evangelische
Kirche in Posen nicht von jenem herrührt, welchem mein Büchlein

wenn er auch bei den Wirrnissen, die das Innere des Kranken=
hauses betrafen, mit seinem Urtheil nicht völlig auf der Seite
Goßners war. Ebenso freute er sich des Gedeihens der
Schöpfungen von Fliedner und Wichern und stand mit diesen
vorzüglichen Männern, wie mit der edlen Elisabeth Fry, in
persönlicher Verbindung.

Doch es war nicht blos der Bund der Zustimmung und
Unterstützung dieser Unternehmungen, was ihn mit den
Stiftern verband, sondern er war ihr Genosse in gleicher
Thätigkeit auf seinem eigenthümlichen Gebiete. Die Stu=
direnden der Theologie waren seine Gemeinde; er war ihr
Lehrer, ihr Führer zu Christo, ihr christlicher Freund. Wenn
er in den Vorlesungen von der Begeisterung für die Wissen=
schaft getragen zu sein schien, so war es doch eben so sehr die
Absicht, welche ihn bewegte, den jungen Theologen das
Edelste, Bedeutendste und Förderlichste zuzuführen, was er
mit all seiner Kraft hervorzubringen vermöchte. Die Theo=
logie, welche er wollte, nannte er eine gottgeweihete Wissen=
schaft; und das war in seinem Sinne nicht nur ein Opfer
zur Ehre Gottes, sondern auch ein Werkzeug für den heiligen
Geist zum Dienst der Gemeinde, zum Heile der Einzelnen
und zum Kampfe gegen das Antichristenthum. Dazu er=
mahnte er oft mit feurigen Worten seine Zuhörer, namentlich
wenn sich ein engerer Kreis im persönlichen Verkehr um ihn

---

gewidmet ist, sondern von einem zweiten Wohlthäter in der aus=
gebreiteten Familie, von Friedrich Heinrich Ernst von Kottwitz auf
Tuchorze, der die testamentarische Verfügung am 12. April 1817
traf und am 10. December 1842 starb. — Ebenso verdanke ich
Herrn Pastor König in Sulzbach die Notiz, daß Kottwitz zu
seinem regelmäßigen Beichtiger den Pastor Rolle erwählt habe,
weil seine Wohnung in dessen Parochie lag. Daß er außerdem
wiederholt in Goßners Kirche zum Abendmahl ging, weiß ich
ganz sicher, und dies veranlaßte mich zu der Annahme, Goßner
sei von ihm zu seinem Beichtvater erwählt worden.

gesammelt hatte. Denen, welche den akademischen Beruf erwählten, legte er die gleiche Verpflichtung mit den ernste= sten Worten auf. Als ich die ersten Schritte gethan, welche mir diesen Weg eröffnen sollten, überreichte er mir einen eben erschienenen Theil seiner Kirchengeschichte mit der In= schrift: „Zum Andenken herzlicher Liebe mit herzlichen Segens= wünschen zu dem neuen Lebensabschnitt der militia Christi im Dienste einer Gott geweihten und von dem Geiste Gottes beseelten Wissenschaft für das Reich Gottes. ἐνδυναμοῦσθαι ἐν κυρίῳ καὶ ἐν τῇ πανοπλίᾳ αὐτοῦ." Die Keime des Glaubens und der Wissenschaft, welche er durch die Vor= lesungen in die jugendlichen Seelen gesenkt hatte, suchte er mit unermüdeter Hingebung in privaterem Umgang zu pflegen. In der Stunde des Tages, wo er jedermann zu= gänglich war, war er immerfort bereit, den Fragenden Aus= kunft zu geben, sie durch Hülfsmittel zu fördern, welche seine Bibliothek darbot und ließ sich von dieser Gefälligkeit nicht abschrecken durch die Nachlässigkeit der Entleiher, welche ihn selbst um kostbare Werke brachte. Hoch erfreut war er, wenn er ein lebhafteres Interesse oder größere Begabung aus dem Gespräche erkannte und forderte junge Leute, welche damit seine Aufmerksamkeit erregten, gern auf, an den Uebungen seines historischen Seminars sich zu betheiligen, beschäftigte sie darin mit Vorliebe, suchte sie in Haltung und Leistung genauer kennen zu lernen und leitete durch Rath ihre Studien. Diese Zusammenkünfte hielt er in seiner Wohnung ab und gab ihnen dadurch etwas Vertraulicheres. Der Schüler lernte da= bei noch mehr seine Herrschaft über Sprache und Inhalt der Kirchenväter bewundern, eben so sehr aber die Geduld lieben, mit welcher er auf Fragen und Erörterungen einging und die Bescheidenheit, womit er bereitwillig treffenden Bemer= kungen gegenüber selbst eigene Behauptungen zurückzog. Die Neigung für seine Wissenschaft hat er dadurch in Vielen er=

weckt, gefördert, ermuthigt, nicht wenige der Tüchtigsten auch zur Bearbeitung wissenschaftlicher Gegenstände angeregt; manche haben durch seine Hinweisung den Mittelpunkt ihrer wissenschaftlichen Thätigkeit gefunden.

Es war eine an der Berliner Universität meines Wissens neue Einrichtung, daß er an jedem Sonnabend den Stu= direnden den Abend zu freien Besuchen gestattete, eine Thee= gesellschaft zu freiem Austausch der Gedanken. Auf Gegen= stände des Tages ging er dabei nur ein, so weit sie eine all= gemeinere Bedeutung hatten. Es handelte sich stets um religiöse oder wissenschaftliche Dinge, worauf er durch freie Mittheilung oder durch eine geeignete Lectüre hinführte. Er war dann noch mehr bemüht, als in seinen Seminar= übungen, Wechselgespräche hervorzurufen und in das Innere der jungen Leute einzudringen. Mit liebevollem Ernste warnte er sie vor den Irrwegen des Zeitgeistes, und suchte sie für ihren Beruf als Christen und als Theologen mit seiner eigenen Begeisterung zu erwärmen. Diese freien und gastlichen Zusammenkünfte sind von vielen nachgeahmt und sind von reichem Segen begleitet gewesen nicht nur für die Studiren= den, sondern auch für die Lehrer, welchen es möglich wurde, aus den Wirkungen ihrer Vorträge Schlüsse zu machen, wie diese am zweckmäßigsten einzurichten seien, und ebenso man= chem Worte durch persönlichere Wendung eine tiefere oder richtigere Wirkung zu geben. - Solche Gesellschaften haben aber für den Lehrer auch ihre Schwierigkeiten, weil es nicht immer gelingt, den elektrischen Funken hervorzurufen, der die Geister erregt und die Bewegungen ausgleicht. Auch Neander wurde es oft schwer, die einsilbigen Erwiderungen blöder oder passiver Gäste in lebendigeren Fluß zu bringen, oder die Unterhaltung, welche einige Stammgäste an sich rissen, allgemeiner zu machen. Er besaß nicht die Beweg= lichkeit und Gewandtheit des Dialogs, welche mit Leichtigkeit

die Stoffe wechselt oder sie von neuen Seiten zeigt, um
Allen etwas zu bieten. Gewöhnliche Gegenstände der Unter=
haltung waren werthvolle oder schädliche Bücher, der Dog=
matismus in der Theologie und Philosophie, die Hegel'sche
Philosophie und vor allem die theologischen Auswirkungen
derselben in Baur, Strauß und verwandten Geistern. Riß der
Faden eines Gespräches unrettbar ab, so fehlte es in der Regel
nicht an einem bedienstlichen Helfer, welcher eine Materie
aus jenem Bereiche hervorzog, die Neander stets bereitwillig
und mit besonderem Affekt behandelte. Obgleich deshalb
den oft Wiederkehrenden die Unterhaltung zu Zeiten etwas
eintönig erscheinen konnte, so lag es doch nur an Geist und
Geschick der Theilnehmer, sie reichhaltiger und mannigfaltiger
zu machen. Denn auf geeignete Fragen flossen die Ant=
worten Neanders wie aus unerschöpftem Born der Einsicht
und Kenntniß. Jede Aeußerung, welche mehr als das Ge=
wöhnliche enthielt, ergriff er mit lebendiger Aufmerksamkeit
und suchte den jungen Mann, von welchem sie kam, näher
kennen zu lernen. Als er einst mit eindringlichen Worten
davon geredet hatte, daß man den Hochmuth beugen und
die Selbstgenugsamkeit ablegen müsse, wenn man die gött=
lichen Dinge wissenschaftlich behandeln wolle, ertönten vom
Ende der Sitze, welche in dem bücherfreien Raume des
Zimmers sich drängten, mit klangvoller Stimme die Worte:
die Jugend will das nicht hören. Sie kamen von einem
hochbegabten und stolzen Geiste, welcher sich getroffen fühlte,
Hermann Rossel, und sie gehörten zu den ersten Aeußerun=
gen, welche Neanders Theilnahme auf diesen seinen Liebling
lenkten.

Die Erfahrung, welche alle bedeutenden Männer machen,
daß unter ihren Anhängern sich Nachsprecher finden, blieb
ihm nicht erspart. Bei der großen Liebe, welche er spendete
und welche er fand, war die Zahl schülerhafter Nachbeter

groß; denn es waren Jünglinge, die sich um ihn schaarten; ihr Urtheil war häufig geringer als ihre Neigung, und Selbständigkeit ist immer nur bei einer Minderzahl zu finden. In manchen, welche sich an ihn drängten, war auch wohl unlautere Begehrlichkeit mitwirkend. Wenn Neander solche Umgebung duldete, wenn er einer Anzahl von seichten Menschen reiferen Alters den persönlichen Verkehr gestattete, wenn er zu bereitwillig schien, durch Empfehlungen zu nützen, so hat man dies auf einen Mangel an Scharfblick und Men= schenkenntniß gedeutet, auf eine Schwäche gegen diejenigen, welche ihm nach dem Munde redeten. Dies Urtheil stimmt aber nicht zu seiner Beobachtungsgabe für geschichtliche Per= sonen, und wer ihn genau kannte, wird auch sein Verhalten gegen Lebende anders verstehen. Wo er gute Eigenschaften entdeckte, wo er einen Zug zur Wahrheit, einen Zug der Liebe wahrnahm, da übte er Geduld gegen die Schwächen, ließ die Hoffnung auf ein Wachsthum im Guten nicht sinken und nur, wo er gemeine Gesinnung, niedrige Selbstsucht er= kannte, wandte er sich schweigend ab. Die lieblose Gewohn= heit, Abwesende mit scharfem Urtheil zu richten, war ihm fremd; man spürte es, wie seine Seele dadurch verletzt ward, und er war auf solche Worte hin um so mehr geneigt, zu entschuldigen, den Fehler durch einen Vorzug auszugleichen. Bemüht, alles zum Besten zu kehren, erweckte er im gewöhn= lichen Gespräch leicht die Vorstellung, als täusche er sich und andere über den Werth eines Menschen. Indeß, sobald es darauf ankam, zu ernsten Zwecken Charakter und Fähigkeiten jemandes zu kennzeichnen, so durfte man gewahr werden, daß er viel mehr wußte, als was er auszusprechen pflegte, und daß er, wo er glaubte das innere Getriebe eines Menschen be= griffen zu haben, außerordentlich treffend urtheilte. Ich kannte manche Personen, in denen er den Brennpunkt des Lebens nach Werth und Unwerth mit einer Bestimmtheit bezeichnete, die mich überraschte, weil er sich früher niemals so ausgesprochen hatte, und die ich doch vollständig bestätigt fand. In einer Beziehung tarirte er vielleicht die Brauch= barkeit der Menschen für geistige Leistungen zu kurzsichtig. Die Schwerfälligkeit in den Formen berührte ihn weniger als andere, und er schlug sie daher geringer an und übersah wohl in seinen Empfehlungen, daß sie ein mit den Jahren zunehmendes Hinderniß der Wirksamkeit sein mußte. Im Allgemeinen aber war das, was ein Mangel in der Geister= prüfung zu sein schien, nur die Folge seiner geduldigen und hoffenden Liebe.

Neander war getragen von Begeisterung für die Herr= lichkeit des Erlösers und für alles menschlich Hohe und Reine, welches ein Abglanz seiner Größe ist. Darum dauerte etwas in ihm von ewiger Jugend, welche die Gefühle der Jünglinge zu verstehen wußte. Wo er immer jugendliche Begeisterung erkannte, richtete er sich mit inniger Sympathie darauf und suchte ihr in den höchsten Gegenständen des Glaubens das rechte Ziel zu setzen. Die Liebe zu den ewigen Wahrheiten den jungen Geistern einzupflanzen, diese Liebe, welche ihnen Schwingen verleiht, sich über die Welt zur himmlischen Heimath zu erheben, den ἔρως πτεροφύτωρ, das sah er wie Sokrates für den schönsten Theil seiner aka= demischen Aufgabe an. Wenn seine Studenten muthig und offen für das Christenthum eintraten, wie das eine Anzahl thaten, die in der Blüthezeit des Straußischen Einflusses sich zum Bekenntniß und zur wissenschaftlichen Vertheidigung des Christus der Evangelien vereinigten, so sah er dies mit ermunternder Theilnahme. Folgte ein junger Mann dem richtigen Triebe, ohne dabei in bemessenem Schritte zu gehen, so entschuldigte er es leicht. Ein Privatdocent, Namens Nauwerk, welcher die Universität Berlin verließ, weil sie ihm keine günstigen Aussichten bot, benutzte seine letzten

Vorlesungen zu Aeußerungen frivolen Unglaubens. Vor einer großen Zahl von neugierigen aller Facultäten leugnete er mit rohen Ausdrücken die persönliche Fortdauer nach dem Tode. Als er mit der Warnung vor den Theologen schloß, welche anstatt des irdischen Goldes himmlisches Blei den Menschen in die Hände stecken, empörte dies einen jungen Studenten in dem Grade, daß er mit Füßen und Fäusten auf's heftigste zu trommeln begann. Darauf erhob sich ein lärmender Beifall für Nauwerk auf der anderen Seite und man erzählte, daß jener wegen seines kräftigen Widerspruchs nachträglich in Duelle verwickelt worden sei. Neander, obgleich durchaus kein Freund solcher Händel, lobte eifrig sein Verhalten und erklärte es für einen geringen Vorwurf, wenn er aus so löblichem Anlaß zum Duell käme. Es war nur die andere Seite seines Wirkens für die Liebe zu Christo und zur Wahrheit, wenn er eben so oft und eben so angelegentlich auf die Demuth hinwies. Die Hülfsbedürftigkeit des Menschen und die Liebe des Erlösers war die Summe seiner Predigt. Selten wird das auf der Straße gepredigt, was er bei einem Fackelzuge der unten versammelten Studentenschaft und Volksmasse aus dem Fenster zurief: es bleibt bei dem Worte Luthers: wir sind Bettler, damit basta. Die Mahnung zur Demuth richtete er im persönlicheren Verkehr in indirekter Form sehr häufig an seine Schüler; seltener in direkter und dann in schonendster Gestalt. Bleiben Sie demüthig, sagte er einem, indem er ihm anzeigte, daß er den Preis bei einer öffentlichen Bewerbung gewonnen habe. Unwilliger konnte er sich äußern, wenn er in mündlichen oder schriftlichen Kundgebungen den Hochmuth als einen hervorstechenden Zug erkannte. Die Demuth galt ihm so sehr als Bedingung richtiger Erkenntniß, daß er auf Menschen jener Beschaffenheit wenig Vertrauen setzte.

Niemals nahmen die, welche die Beweise seiner Herzens-

güte empfingen, zugleich den Eindruck mit, als beruhe sie
auf den Regungen eines leicht sich hingebenden, aber auch
schwächlichen Gemüthes, welches sich freundlich erweise, weil
es nicht zu zürnen und zu strafen wisse. Durchaus das
Gegentheil fand statt. Wer nicht blind war für Zeichen des
Geistes, erkannte überall die Bewegungen des tiefen Ge=
müthes, des kraftvollen Charakters. Nur weil er der Selbst=
sucht in hohem Grade Herr geworden war, darum war er
so liebreich gegen andere; und weil er sich selbst in so
strenger Zucht hielt, darum lag so viel Sanftmuth und Scho=
nung in seinen Worten. Er konnte wohl in Zorn gerathen,
wenn er das Widerchristliche mit Hartnäckigkeit oder Frech=
heit auftreten sah. Dann sprach er sich in Wort und Schrift
ohne Menschenfurcht und herb gegen das Verderbliche der
Principien und Resultate aus, oft jedoch mit Unterscheidung
der Personen und ihrer objektiven Standpunkte. Er wünschte
sich selber für solche Zwecke die Gabe eines mächtiger er=
schütternden Wortes und einer schneidenden Ironie. Wir
haben Männer nöthig, sagte er, welche mit Keulenschlägen
kämpfen, wie Tertullian.

Ich bekenne, daß mir zuweilen der Wunsch aufstieg, er
hätte unter denen, welche sich um ihn drängten, die minder
zart organisirten Gemüther mit kräftigeren Schlägen des
Gesetzes erschüttern mögen, um sie zur Selbsterkenntniß und
Bekehrung zu bringen. Es ist in der pietistischen und
methodistischen Pädagogik zur Wiedergeburt der richtige
Gesichtspunkt, daß die Sünde als wahrhaft sündig empfunden
werden muß, und er hat um so größere Bedeutung, je mehr
die Zustände der Kirche verweltlicht sind. Für manche
Theologen sind diese Erfahrungen ein weiterer Schritt ge=
wesen, zu welchem sie Neander wohl vorbereitete, jedoch nicht
unmittelbar hinführte, so daß sie später glaubten, seinen
Standpunkt durch ein tieferes und lebendigeres Christenthum

zu übertreffen. Wahr ist dieses an ihrem Urtheil, daß nicht derselbe Lehrer und die gleiche Methode jeden zu Christo zu führen vermag; sie irrten aber insofern, als sie weder sich, noch Neander in dem früheren Stadium ihrer Entwicklung richtig erkannt hatten. Denn von zarterer Empfindlichkeit für die Regungen der Sünde und des Gewissens war selten ein Christ, und er erkannte schon seiner Zeit es als das tiefste Gebrechen unseres Jahrhunderts, daß ihm die Erkennt= niß der Sünde fehle. So wie er selbst aber bei seiner Be= kehrung mehr der Liebe, welche ihn zu Christo zog, gefolgt war, als daß er sich von dem drängenden Gesetze treiben ließ, so war es ihm auch eine, wie von selbst sich ergebende Behandlung seelsorgerischer Aufgaben, daß er das Gemüth mit dem warmen Hauch der Liebe Christi zu durchdringen suchte. Wenn er von der Macht der Sünde redete und von dem Verderben, das sie wirke, so nahm er die Richtung ins Allgemeine; wenn er aber im Zwiegespräch und auf die Person zielend, eine Wirkung hervorbringen wollte, dann waren es milde Mahnungen, sich dem hinzugeben, welcher der Weg, die Wahrheit und das Leben ist. Er hatte eine zarte Scheu, in das innere Leben eines Menschen einzugreifen und liebte es mehr, die jungen Pflanzen unter Sonnenschein und Thau der Gnade zu stellen, geduldig abwartend, was sie an ihrem Herzen wirken werde. Vielleicht war es eine zu zarte Scheu; allein man darf auch nicht die pädagogische Einwirkung eines akademischen Lehrers, an welchem schnell die kurzlebigen Generationen der Universität vorübergehen, unter gleichen Gesichtspunkt stellen mit der eines Pfarrers, der die Mitglieder seiner Gemeinde stetig vor Augen und unter seiner Leitung hat. In welcher seelischen Bewegung ein junger Mann ihm gegenüber stand, dafür hatte er doch eine feine und sichere Beobachtung, und wenn er spürte, daß er unter dem Kampfe litt, in welchem das neue Leben mit der Natur des alten Menschen ringt, so verstand er es, mitfühlend zu trösten, als einer, der dasselbe erfahren habe und noch erfahre. Auf seinem Arbeitstische lag stets neben der Bibel die Liedersammlung der Brüdergemeinde von Garve. Hier suchte er täglich die Erfrischung seiner Seele; er liebte namentlich das innige Lied:

> Was klagst du, trübe Seele,
> Daß dir's an Frieden fehle,
> An Muth und Glaubenslicht.
> Mühselig und beladen
> Geh hin zum Thron der Gnaden
> Und bau auf deinen Kleinmuth nicht.

Dieses las er um sich zu trösten und gebrauchte es auch gern, um Trost und Frieden in andere beunruhigte Gemüther ein=zuführen. Sein Zuspruch, seine wenigen theilnahmvollen Worte waren von seiner gottseligen Persönlichkeit unterstützt, und nur derjenige wird ihre Wirkung begreifen, welcher die Kraft der Liebe kennt, die von ihm auf die jungen Theologen ausging, und mit der sie ihn wieder liebten.

Mit väterlicher Fürsorge faßte er gleichfalls die äußere Noth derselben ins Auge. Wer die Zustände unserer Fakul=täten kennt, weiß, daß sie in ausgedehntem Maße vorhanden ist. Es ist damit ein großer Vortheil für unseren geistlichen Stand verbunden. Einmal ist es ein Zeichen, daß viele aus den nichtbegüterten und volksthümlichen Klassen mit den höchsten Stufen der Bildung in Verbindung kommen; dann aber ist es für den Pfarrer, welcher in der Regel viel weniger mit reichen, als mit armen zu thun hat, wichtig, daß ihn seine eigene Erfahrung verstehen lasse, welche Versuchungen der äußere Mangel an sie heran bringe. Es würde vielleicht nachtheilig für die Beschaffenheit unseres Predigerstandes sein, wenn er nur aus wohlhabenden Familien hervorginge. Indeß unter dem Drucke fortdauernder Noth wird auch manches Gemüth verbittert. Es gehört viel Leichtsinn oder viel christliche Ergebung dazu, sich davon nicht beugen zu lassen, und in dem jungen Manne ist oft weder das eine, noch das andere. Das ängstliche Trachten nach Geld lähmt den Schwung des Geistes, den Sinn für die geistigen Güter, welchen man der theologischen Jugend vor allem wünschen muß; es stumpft das Zartgefühl ab und lenkt die Bestrebungen hinunter zu dem Banausischen, Gemeinen. Diese Gefahr war es, vor welcher Neander seine Studirenden bewahren wollte. Sein stetes Bedauern war, daß der Geist, eingeengt von äußerer Noth, sich nicht mit jugendlicher Frische und Freiheit entfalten könne. Mit aufrichtigem Antheil vernahm er jede Bitte, erfaßte er jede Andeutung, welche darauf führte, daß Hülfe nöthig sei. Er tadelte wohl befreundete Studenten, daß sie aus Nachlässigkeit oder Mangel an Vertrauen ihm die Bedrängniß eines Genossen verhehlt hätten. Daß seine Güte hie und da gemißbraucht wurde, ermüdete ihn nicht und schreckte ihn nicht ab. Er trug die Sorge um die Linderung der Noth auch in der Abwesenheit mit sich, man merkte, wie er sich damit beschäftigte. War es ihm unmöglich zu helfen, so versüßte wenigstens sein theilnahmvoller Schmerz die Absage. Rossel, welcher eine solche Erfahrung gemacht hatte, sagt: „Wenn Neander so abschlägt, wie muß es erst sein, wenn er gewährt." Seine Freigebigkeit aus eigenen Mitteln reichte weit über die Universität hinaus, und seine Schwester war ihm darin gleichgesinnt. Allein den Studenten gestand er stets das nächste Anrecht darauf zu, und wo er nicht unmittelbar helfend eintreten konnte, suchte er durch Empfehlungen zu nützen. Was er gab, reichte er am liebsten dar, wie wenn es gar nicht von ihm käme, und wenn er bemerkte, daß sein Geschenk dennoch Beschämung hervorrief, so gerieth er in den liebevollsten Eifer, das Zaudern zu beseitigen. „Sie können mir doch auch 'mal etwas zu Liebe thun", sagte er. „Sie wissen ja, daß geben seliger ist als nehmen". Viele Jahre hindurch ließ er die Einrichtung bestehen, daß jedem Studenten, welchem wegen Unvermögens das Honorar für die Vorlesungen gestundet ward, der ihm gebührende Antheil überhaupt erlassen wurde. Später als andere, etwa zehn Jahre vor seinem Tode, machte er eine ihm befremdliche Wahrnehmung. Er sehe, äußerte er, daß es wirklich manche Studirenden gebe, welche gewissenlos genug seien, die Vorlesungen zu versäumen. Von da ab gewährte er den Erlaß seiner Forderung nur denen, zu deren Fleiße er Vertrauen hatte, oder welche ihn durch eine Prüfung erwiesen. Um die Thätigkeit christlicher Liebe unter den Studirenden zu fördern, welche in Berlin in großer Vereinzelung und oft in Verlassenheit leben, stiftete er einen Krankenverein und stattete ihn mit dem Honorar aus, welches ihm eines seiner Bücher einbrachte. Die Studenten verwalten die Kasse, gewähren Unterstützungen an Geld, betheiligen sich auch wohl persönlich an der Pflege der Kranken. Einst wünschte er einen Studenten ins Bad zu schicken, und da weder die Kasse des Vereins, noch seine eigene dafür hinreichte, so ließ er eines seiner werthvollsten Bücher, was ihm sehr lieb, aber doch entbehrlich war, die Prachtausgabe des Griesbachschen Neuen Testamentes, in einer Lotterie ausspielen. Rührend war es, wie er seinen Lieblingsschüler, Hermann Rossel, an sich zog und wie er ihn liebte. Dieser war ein Jüngling von ungewöhnlichen Talenten. Scharfer Verstand, Spekulation und dichterische Phantasie waren in ihm vereinigt. Er schrieb und sprach mit bewunderungswürdiger Herrschaft über die Form. Er war durch Neanders Vorlesungen über die Gnostiker ergriffen, erschüttert und zu begeistertem Streben nach Erkenntniß der christlichen Wahrheit entzündet worden. Ohne persönliche Empfehlung an Neander hatte er sich doch entschlossen, ihn zu besuchen und

eine Bitte an ihn zu richten. Er wagte sich auch in die freie
Abendgesellschaft, fremd unter den übrigen Gästen. Die
Bitte schlug fehl, die Theegesellschaft führte auch nicht zu
unmittelbarer Annäherung, aber die Güte Neanders rührte
tief das Gemüth des vaterlosen, für Liebe und für das
Edle und Große empfänglichen Jünglings. Die Luft um
ihn, sagt er, zitterte von Liebe. Auch Neander hatte bereits
nach den wenigen Begegnungen ein reges Interesse für ihn
gewonnen. So kurzsichtig er war, so hatte er doch, wenn
er durch die Halle der Universität schritt, ihn abgesondert
von den übrigen Studenten auf und nieder wandeln sehen
und seine Vereinsamung bedauert. Am nächsten Geburtstage
Neanders schickte ihm Rossel anonym ein Gedicht zu mit der
Aufschrift: „dem geliebtesten aller Lehrer", voll von warmer
Liebe und in einzelnen Strophen von großer Schönheit *).
Neander hatte eine Ahnung, daß er wohl der Verfasser sein
könne. Um zur Gewißheit zu kommen, gebrauchte er eine
List. Er lud Rossel zu Tisch ein, setzte ihn neben sich, legte
das Gedicht zwischen sich und ihn, warf es, wie aus Ver=
sehen, mit dem Ellenbogen zur Erde, und da er bemerkte,
daß Rossel, indem er es aufhob, erröthete, so zweifelte er
nicht mehr. Freudig sprach er zu mir von seiner Entdeckung,
und theilte das Gedicht mit als ein Zeichen von dem Talent
und der Pietät des Verfassers. Daß er selbst darin gefeiert
war, schien ihn gar nicht zu berühren. Fortan bildete sich
das Band innigster Freundschaft zwischen beiden, und die
große Verschiedenheit beider Naturen fügte sie nur noch
fester. Neander bekannte, daß er nie einen Schüler von so
originalem Geist gefunden habe. Er rühmte das Talent,

---

*) Ich theile am Schlusse dieser Schrift das Gedicht mit, als
ein Zeugniß der Gefühle, welche eine sehr große Zahl der Studi=
renden für Neander hegten.

daß er frühzeitig in Julius Müller erkannt, welcher eine
Zierde der deutschen Theologie und lange Zeit ein auch mir
theurer und durch Charakter und Begabung vorleuchtender
College gewesen ist; aber, fügte er hinzu, an die Genialität
Rossels reicht er nicht. Sein heißer Wunsch, der Kirche
Männer zu bilden, welche die göttliche Wahrheit in neuem
Lichte zu zeigen vermöchten, ward ihm hier zu einer frohen
Hoffnung. Er wurde nicht müde, die immer neuen Proben
des Geistes, das treffende Urtheil, die vordringenden Er-
kenntnisse, welche er in dem Gespräch mit Rossel entdeckte,
gegen andere zu rühmen. Die erste größere selbständige
Arbeit desselben, eine Vergleichung der Schleiermacherschen
und Straußschen Kritik, zur Bewerbung um einen Preis
angefertigt, entsprach Neanders Erwartungen. Er lobte die
richtige Auffassung der Prinzipien, die Feinheit und Grad-
heit des Urtheils und die Darstellung, die aus einem Guß
sei. In der That nimmt diese Abhandlung des kaum zwei
und zwanzigjährigen Verfassers eine ehrenvolle Stelle ein
unter den Gegenschriften gegen Strauß. Es war ganz nach
Neanders Sinn, daß er zu dem Werke, welches ihn in die
akademische Thätigkeit einführen sollte, eine neue Darstellung
der Gnosis in der altkirchlichen Zeit wählte, einen Gegenstand, zu dessen richtiger Erkenntniß Neander selbst die Bahn
gebrochen hatte. Als er ihm seinen Entschluß anzeigte,
fügte er hinzu: dann will ich Ihnen einmal rechte Freude
machen. „Er weiß mit wenigen Worten viel zu sagen",
äußerte Neander, als er dies erzählte. Später setzte er
hinzu: „Gern hätte der Meister sich durch das Werk des
Schülers überflügelt gesehen." Doch Gott hatte es anders
beschlossen. Nur einige geistvolle Fragmente des Werkes in
glänzender Darstellung kamen zu Stande; der Tod raffte
Rossel hin vor der Vollendung. Ich habe Neander nie so
erschüttert gesehen, als nach diesem Moment. Ich hätte

alles hingegeben, wenn ich ihn hätte retten können, sagte er mit entschlossenen, aber vor Schmerz erstickten Worten. Mit blutendem Herzen schrieb er einige Wochen später *): Es war meine süßeste Hoffnung, daß ich Zeuge davon sein sollte, wie er, den ich vom geist= und seelenvollen Jünglinge zum Manne heranreifen sah, als Docent und Autor die großen Keime, die ich in ihm bemerkte, zu neuen Geistesschöpfungen entwickeln würde. Mit sehnsuchtsvoller, freudiger Hoffnung begrüßte ich die Gemeinde, die von der Jugend aus um ihn her sich sammeln sollte. Es war eine herrliche Knospe, die eine große, reiche Zukunft in sich verhüllt trug.

Neanders Geburtstag war ein Festtag für seine Freunde verschiedenen Alters. Er pflegte dann eine Tischgesellschaft von Collegen, nicht blos der theologischen Fakultät, und von anderen Freunden einzuladen. Es ging zwanglos und leb= haft dabei her. Wenn die Unterhaltung in leichtem Scherz und Witz sich herüber und hinüber bewegte, bemerkten die Gäste es kaum, wie er freundlich aber still dabei saß. Denn für ihn war dieser Tag ernster frommer Gefühle ein Tag zugleich des Dankes und der Buße, an welchem er wohl zu ernsten Gesprächen, aber nicht zum Scherze aufgelegt war. Seine Studenten veranstalteten eine Sammlung, um ihm irgend ein kostbares Werk zu überreichen. Solche Liebe wies er nicht zurück, obgleich er privatim sein Bedauern da= rüber aussprach, daß so mancher arme Student sich um seinetwillen Entbehrung auferlegte. Am Abend brachten sie ihm einen Fackelzug. Die Worte herzlicher Liebe und Ver= ehrung, welche ihre Abgeordneten an ihn richteten, erwiderte er, von Rührung bewegt, mit einer einfachen Rede, voll von Demuth, von Liebe zu seinem Beruf und den Studirenden, von Hoffnung auf eine bessere Zeit, welche sie sehen und

---

*) Kirchengeschichte B. III Vorw. VIII 2. A. 1846.

selbst herbeiführen würden. Dann lud er sie alle ein, zu ihm herauf zu kommen, und nun füllten sich die Zimmer, der Flur und die Treppen des Hauses, und viele empfingen noch einen herzlichen Händedruck.

Es war von Docenten und Studenten, welche von allen Seiten her in Berlin sich zusammenfanden, bezeugt und war allgemein anerkannt, daß es in ganz Deutschland keinen theologischen Lehrer gebe, — und in anderen Fakultäten schlossen dies schon ihre wissenschaftlichen Aufgaben aus, — welchem in gleicher Ausdehnung und Innigkeit die Bewunderung und Liebe der Jugend sich zuwandte, obgleich an den Universitäten eine große Zahl hochbegabter und wegen ihres Charakters geschätzter und geliebter Lehrer glänzten. Denn die Stellung der Universitäten war überhaupt damals in Deutschland eine bedeutendere. Die Gebildeten unseres Volkes lebten mehr für geistige Dinge und für die Literatur, welche ihnen gewidmet war. Darin hatten die Bestrebungen noch ein starkes Gegengewicht, die sich auf äußere Kultur, Luxus und Industrie richteten. Die Politik war doktrinär geartet; um so leichter durften auch hier Professoren als Wortführer auftreten, mit patriotischen, oft edlen, aber abstrakten Ideen viele bewegen und hatten noch keine Veranlassung gefunden, durch den Zusammenstoß ihrer politischen Gebilde mit den unerbittlichen Forderungen des wirklichen Lebens ein Mißtrauen hervorzurufen in ihre Kenntniß des Realen und ihre praktische Geschicklichkeit. Sehr Viele schätzten die Wissenschaft auf kirchlichem und weltlichem Gebiet als das höchste Gut; man überschätzte sie, und die Männer der Wissenschaft wurden durch ihren Beruf emporgehoben. Daher hing auch die damalige Jugend im allgemeinen mit mehr Wärme und Hingebung an ihren akademischen Führern; an Neander aber fesselte sie, was sie ihm an theologischer Wissenschaft, an Liebe zu Christo verdankten

und die persönliche Freundschaft, welche aus seiner selbst=
losen, feurigen Liebe zu ihnen entsprang. Ich möchte glau=
ben, daß diese Verbindung so eigenthümlich war, ∗daß sie in
der evangelischen Theologie überhaupt nicht ihres gleichen
hatte. In den Jahrhunderten seit der Reformation hat es
auf den Kathedern viele Lehrer von größerer Bedeutung und
nachhaltigerem Einfluß gegeben, aber kaum einen, der gerade
zu den Studirenden in einem solchen Wechselverhältniß
väterlicher und kindlicher Zuneigung lebte. Die Freund=
schaften waren bis vor hundert Jahren überhaupt nicht so
persönlich und gefühlvoll. Die großen Gelehrten, welche
wie Melanchthon, für viele Studirenden Freundschaft und
Aufopferung bewiesen, waren zugleich mit den wichtigsten
Angelegenheiten von allgemeiner Bedeutung für die Kirche
zu sehr beschäftigt, als daß sie ihren Schülern mit der Aus=
schließlichkeit, wie Neander, zu leben vermochten. Andere
in der Folgezeit hinderte die steife Vornehmheit des amtlichen
und persönlichen Charakters an der herablassenden Liebe;
noch anderen fehlte der wärmende Hauch des Evangeliums,
welcher die Jünglinge antrieb, sie zugleich als ihre Väter in
Christo zu lieben. Schleiermacher hat nicht wenige Schüler
gebildet, welche von Verehrung und Zuneigung für ihn er=
füllt waren, aber er stand in persönlicher Beziehung doch
nur zu einer verhältnißmäßig geringen Zahl bevorzugter
Geister, während die Masse ihm fern blieb. Unter den
Männern der jüngsten Vergangenheit möchte Tholuck am
nächsten im Vergleich zu Neander stehen, denn er war wie
dieser ein Vater der Studenten, sie seine Gemeinde und ein
Hauptgegenstand seiner Wirksamkeit. Sein Andenken segnen
viele, welchen er ein Führer zu Christo, zu einer lebendigen
Wissenschaft und zugleich ein Freund in äußerer Noth gewesen
ist. Sein Charisma war die Einwirkung durch persönlichsten
Umgang und die Macht der Predigt, die auch Neander sehr

hoch stellte, so hoch, daß er urtheilte, sie übertreffe selbst seine wissenschaftliche Bedeutung. Aber bei seinen geistvollen Aeußerungen doch ungleichmäßig, die einen anziehend, die anderen abstoßend, besaß er nicht die Stetigkeit und ruhige Milde, welche Neanders Wesen wie mit stillem Glanze über= goß und ihm das allgemeine Vertrauen zuführte.

In Zeiten, welche zwischen Auflösung überlieferter Zu= stände und schwachen Anfängen einer Neubildung schwanken, welche daher durch geistige Richtungen verwirrt, durch Par= teiungen zerspalten und durch Reflexion zersetzt sind, werden Männer aus einem Guß, wie Neander war, selten sein, am seltensten aber in unserer Gegenwart, wo der Widerstreit politischer, socialer und religiöser Gegensätze selbst die unteren Volksklassen ergriffen hat, welche Naivetät und Ganzheit des Lebens fester zu bewahren pflegen, als die Gebildeten. Neander war eine einfache, tiefe Natur, in welcher Leben und Denken, Frömmigkeit und Wissenschaft sicher und har= monisch sich bewegten. Wenn man ein apostolisches Vorbild für ihn sucht, so würde man ihn am besten mit Johannes vergleichen, in dessen Evangelium er sich mit besonderer Liebe versenkte*). Willig hatte er sich zum Gefäß der Gnade machen lassen und seinen Erlöser mit seltener Innigkeit umfaßt. Sein Lieblingsspruch: In Gott leben, weben und sind wir, drückte das Element göttlichen Lebens und göttlicher Liebe aus, in welchem er athmete, von demüthigem Danke erfüllt. Wem es vergönnt war, einen Blick in sein Inneres zu thun, der wurde von Ehrfurcht ergriffen vor

---

*) Mehrere Wochen hindurch ließ er sich täglich von einem treuen Schüler, Herrn Schulrath D. E. Schneider, dessen Güte ich diese Mittheilung verdanke, das 14. bis 17. Capitel vorlesen und wurde nicht müde im Genuß und Nachsinnen über die Tiefen derselben.

diesem Wandel in der Gegenwart Gottes, vor der Demuth, mit welcher er sich vor der göttlichen Liebe seines Erlösers in der Knechtsgestalt beugte, vor der heiligen Scheu, mit der er die Offenbarungen Gottes und die Thaten der Erlösung berührte. Der Zug des Vaters zum Sohne war auch, nachdem er ihn zu diesem Ziele geführt, fortdauernd die stille Bewegung in seiner Brust. Er empfand tief in seinem Innern das Sehnen der Creatur nach Erlösung; aus den Hemmungen des Irdischen, wo er sich als einen der geringsten Pilgrime fühlte, richtete sich das Verlangen seines Herzens nach der Heimath, wo er in Gott alle Wahrheit erkennen und frei von Sünde seinen Erlöser lieben werde. Wer das Evangelium Johannis mit feinerem Verständniß liest, der beobachtet darin einen Zug göttlicher Wehmuth, welche gleichsam um die Lippen des Erlösers spielt. Dieses Gepräge hat er denen aufgedrückt, welche ihm durch vieles Leid in Hoffnung nachfolgen. Auch von Neanders Antlitz leuchtete der in der Liebe Christi verklärte Schmerz, und gab den unschönen Zügen einen herzgewinnenden Ausdruck. Es war nichts von Sentimentalität in ihm, sondern ein volles, gesundes Gefühl, verbunden mit einem männlichen, energischen Willen, welcher aber gelernt hatte, auch die leisen Regungen unter das Auge Gottes zu stellen. Der Kampf ist Niemandem erlassen, sagte er oft mit hohem Ernst, und er selbst stritt seinen eigenen Kampf täglich gegen die Versuchungen körperlicher Schwäche und gegen die widerchristlichen Gewalten der Zeit. Doch es war der Streit dessen, dem jederzeit das Land des Friedens offen liegt, daher jener Gottesfriede, welcher zugleich über Neanders Wesen ausgebreitet lag, der beruhigend wirkte auf die, welche ihm naheten, für wunde Gemüther, welche sich ihm öffneten ein Balsam, und anziehend, Vertrauen erweckend selbst für die, welche nicht verstanden, woher er stammte. Er war der Ausdruck jener

Harmonie, in der eine in Christo befriedigte Seele lebt. Sie faßte sich zusammen in einer seltenen Einfalt und Kindlichkeit. Man darf wohl sagen, daß das Einfache und Wahrhafte, was sich schon in den Aeußerungen seiner Jugend kund giebt, Neander von Natur dafür geeignet habe; allein die Philosophie, mit welcher er sich befreundete, die Ausbreitung der Studien, der wissenschaftliche Beruf, den er erwählte, das alles war sehr dazu angethan, Reflexion und Selbstbespiegelung zu fördern. Nicht ohne eine große sittliche That des Verzichtes auf sich selbst und der Hingabe an Gott, nicht ohne die Kindschaft Gottes geschah es, daß er gewissermaßen die Naivetät und Anspruchlosigkeit der Kindesseele wiedergewann; daher die Arglosigkeit, mit der er Jedermann zuerst entgegentrat; daher die Dankbarkeit für jedes Gute, was ihm von Gott und Menschen zu Theil wurde; daher auch die Abneigung gegen einen gesetzlich strengen, unkindlichen Geist. Wie wenig er auch von dem genoß, woran weltliche Menschen sich freuen, so wollte er doch auch nicht ein mürrisches Verhalten oder eine unfreie Ascetik. Alles demüthig aus Gottes Hand zu nehmen, die Bedürfnisse auch, welche er in die menschliche Natur gelegt, nicht zu unterdrücken, sondern die Kräfte derselben zu läutern, das rein Menschliche sich entfalten zu lassen, das waren Gesichtspunkte, welche sich ihm unmittelbar aus der Beschaffenheit seines eigenen Lebens ergaben, und welche er fruchtbar machte für Erziehung und Wissenschaft. Unverstellt, ohne Hinterhalt, ohne verdeckte Zwecke gab er sich und begegnete er auch den Jünglingen und das fühlten sie bald und liebten ihn um so mehr. Er dagegen freute sich der Frische ihrer Jugend mit väterlichem Blick, und kaum berührte ihn etwas widerwärtiger, als die Sattheit eines jungen Menschen, der durch Kritik oder Dünkel stumpf geworden, nichts mehr zu bewundern fand in göttlichen und menschlichen Dingen. Solche greisenhafte

Jugend war daher auch nicht unter denen, welche ihm inniger verbunden waren, sondern ein frischer Trieb, ein reger Sinn für Wissenschaft und für alles Ideale, vielleicht ein zu starkes Selbstvertrauen. Mild und besonnen suchte er dann zu mäßigen.

Wenn man sich von der Person des Mannes zu seinem großen geschichtlichen Werke wendet, so findet man darin dasselbe charakteristische Merkmal der Einfachheit des Geistes in der Auffassung der Begebenheiten, in dem einfachen Styl, der alles Gekünstelte, alles Gespreizte vermeidet, was der Eitelkeit eines Schriftstellers entspringt. Daher besaß er auch ein feines Organ für die Wahrnehmung des Unnatür= lichen und Gemachten sowohl in den Menschen, als auch in den Schriften. Er ward sehr unangenehm dadurch berührt und faßte kein Vertrauen zu den wissenschaftlichen Leistungen, wo er die geistigen Organe derselben in verunstalteter Be= schaffenheit erblickte. Nicht minder leuchtet aus seinen Schriften ungeschminkte Wahrhaftigkeit entgegen. Er konnte irren in der Ermittelung des Wirklichen und in der Beur= theilung der Menschen und Ereignisse. Aber die Geschicht= schreibung für Zwecke zu benutzen, mit denen sie nichts zu thun hatte, den Dingen nach Neigung oder Abneigung eine Färbung zu geben, welche sie in Wirklichkeit nicht hatten, die Ereignisse so zu gruppiren, daß sie nicht unter das Licht des wirklichen Tages, sondern unter die Absicht des Autors ge= stellt wurden, von solchen Versuchungen scheint er kaum berührt worden zu sein. Ich sagte ihm einst, daß ich es außerordentlich schwierig fände, persönliche Sympathien und Antipathien aus der Behandlung der Geschichte zu ver= bannen. „Das meine ich doch nicht, erwiderte er; man darf ja nur die Dinge lassen, wie sie sind." Diese Wahrhaftigkeit gehört überhaupt zur Grundbeschaffenheit seines Lebens. Wie hätte ohne sie jene Einfachheit bestehen können, in wel=

cher er sich gab? Sie war nur die Aeußerung der Einfalt, welche sich den Gegenständen zukehrte. Jedes Gespräch konnte davon überzeugen. Da war nichts von Phrasen, überall nur die einfachste Beziehung zur Person und zu den Sachen. Häufig erwiderte er nichts auf eine Bemerkung. Dies Schweigen sagte, daß sie eine Trivialität gewesen war, auf welche er nichts hätte antworten können, als was den andern beschämte. Gespräche fortzuführen, blos damit nicht geschwiegen würde, schien ihm geistlos und nicht würdig. Er scheute sich deshalb nicht vor Pausen in geselligen Unter= haltungen, und da er wenig Gewandtheit für dieselben besaß, so trat, wenn sie auf ihm beruheten, solche Windstille nicht selten ein. In seinen Mittagsgesellschaften kam im Falle der Noth der unerschöpflich muntere Geist seiner Schwester zu Hülfe; zuweilen freilich führte er an einem Ende des Tisches die ernstesten Gespräche, während am anderen Pol die Schwester durch Scherz und Witz ihre Nachbarn in un= unterbrochener Heiterkeit erhielt, so daß die an der Grenze beider Regionen Befindlichen mit getheilter Aufmerksamkeit und gemischten Gefühlen da saßen. Die Formen der ge= wöhnlichen Höflichkeit galten in seinem Hause. Er wußte sehr wohl, daß sie eine für den Verkehr der Menschen noth= wendige Sitte sei, und wendete sich mit gutmüthiger Ironie gegen die Uebertreibung der Wahrhaftigkeit, wie sie z. B. von derber Deutschthümelei ausging. Sie hielt die con= ventionellen Formen für Lügen und glaubte die Wahrheit nicht ohne die Grobheit behaupten zu können. Wenn es so wäre, sagte Neander, dann hätte auch Luther gelogen, so oft er den Kaiser seinen gnädigen Herrn nannte. Aber er selbst erwies seine Wahrhaftigkeit in dem Maßhalten mit diesen Formen, die auch nicht leere Worte bei ihm waren, sondern der Ausdruck einer freundlichen Gesinnung und eines zarten Gefühles für Schonung und Anstand. Wo diese Gesinnung

warm und unmittelbar hervortrat, da konnte sie auch der
gebräuchlichen Formen entrathen und doch des Eindruckes
sicher sein. Als der König Friedrich Wilhelm IV. nach der
Huldigungsfeier die Vertreter der Corporationen empfing,
war Neander unter den Abgeordneten der Universität Berlin.
Der König äußerte sich gegen ihn besonders huldvoll. Er
freue sich, ihn von Angesicht zu Angesicht zu sehen. Neander
erwiderte: auch er freue sich, Se. Majestät sehen zu dürfen.
Er fügte hinzu, er erlaube sich die Universität der Gnade
des Königs zu empfehlen. Dieser, welcher ein Verständniß
für ihn und seine Worte hatte, schenkte der Universität
20,000 Thaler. Neander hatte die größte Hochachtung vor
dem Geist und Gemüthe des Königs; er empfing aus dieser
Unterhaltung einen neuen günstigen Eindruck. Nie, sagte er,
habe er eine so seelenvolle Stimme gehört, als die seinige.
Wohlbekannt mit der Gesinnung Friedrich Wilhelms für
Christenthum und Theologie, pflegte er dem Kronprinzen,
wie nachher dem Könige, seine Werke zu übersenden, und
jener ließ sie nicht ungelesen. Als Neander ihm einst seine
Geschichte des Apostolischen Zeitalters überreicht hatte, ließ
er ihm durch den General von Röder seinen Dank und seine
Anerkennung aussprechen. Nur das habe dem Könige leid
gethan, setzte der General-Adjutant hinzu, daß er seinen
lieben zweiten Petrusbrief nicht für echt halte. Für solche
königliche Apologetik war Neander völlig unzugänglich. Er
bewegte sich unruhig hin und her, ohne ein Wort zu sagen
und schnalzte mit der Zunge, wie er zu thun pflegte, wenn
jemand etwas Ungehöriges gesprochen hatte. Es wäre ihm
nicht möglich gewesen, eine bewußte Unwahrheit auszusprechen. Wenn er von seinen Badereisen heimkehrte, so
pflegte seine Schwester sich das Vergnügen nicht zu versagen,
Kleinigkeiten, welche sie im Auslande gekauft hatte, heimlich
über die Grenze zu bringen und freute sich der Ueberlistung

der Zollbeamten. Das geschah nicht mit seiner Zustimmung, und sie zog ihn daher auch nicht in's Vertrauen. Wenn sich nun der Grenzbeamte mit der gewohnten Frage nach Steuer= barem an Neander wendete, so war dessen Antwort: Ich habe nichts, aber für meine Schwester kann ich nicht ein= stehen.

Die Frömmigkeit pietistischer und herrnhutischer Art liebte die Erregungen des Gefühls und hatte eine Befriedigung darin, von dem inneren Verhältniß zu den Gegenständen des Glaubens und von christlichen Erfahrungen zu reden. Ich habe zwei Männer gekannt, welche Christus gleich herrlich nach seinem Bilde gestaltet hatte, den Baron von Kottwitz und Neander, und beide waren in jener Hinsicht sehr ent= gegengesetzt. Kottwitz war unerschöpflich in Zeugnissen von der Gnade, sein Herz, frisch bis ins Alter, floß über von milden Worten der Liebe zu Christo; sie waren Wahrheit. Neander dagegen war enthaltsam in solchen Aeußerungen. Wohl fühlte man ihm an, wenn er in seinem Berufe redete, was sein Herz durchbebte, aber der Bund seiner Seele mit seinem Erlöser war so heilig, so zart, daß er eine Aufdeckung desselben im täglichen Gespräch wie eine Profanation empfand. Was er in stillem Geheimniß zwischen sich und seinem Gott handelte, das schloß das Demüthigste und Er= habenste ein, er behandelte es allezeit mit keuscher Zurück= haltung und nur in geweiheten Augenblicken lüftete er den Schleier. Nicht selten kamen ihm Aeltere und Jüngere vor Augen, welche gewohnheitsmäßig die Dinge des innerlichsten Lebens in das Gespräch hineinwarfen. Sie erbten dies gemeiniglich von Geistlichen pietistischer Schulung außerhalb und in Berlin und sammelten sich hier namentlich um Goßner, Kottwitz, die Studenten vornehmlich um Hengstenberg, und bei diesen war häufig die Zunge schneller, als die Erfahrung dieser ernstesten Erlebnisse. Neander verhielt sich solchen un=

nöthigen Bekenntnissen gegenüber mit schonendem Schweigen; er wollte weder verletzen, wo etwa eine Spur von wahrem Gefühle vorhanden war, noch durch Erörterung den Fehler vergrößern. Aber ein schmerzliches Zucken fuhr über sein Antlitz, und gelegentlich sprach er mit gedämpfter Stimme seinen Kummer aus, daß auch in den Kreisen christlicher Frömmigkeit das Göttliche vor Entweihung nicht gesichert sei.

Es giebt Geister, welche mit besonders feinen Organen ausgestattet sind für die Kundgebungen Gottes in irdischen Dingen. Sie lauschen dem leisen Pulsschlag göttlichen Lebens in der irdischen Welt, und fortwährend hinüber= spähend über die Schranken des Natürlichen in die göttliche Wunderwelt, sehen sie ringsum in der Gegenwart die Zeichen und Vorzeichen der göttlichen Gedanken und Absichten. Sie sind prophetische Geister, während andere mit nüchternem Blick die Wechselwirkungen der Menschen auf einander ver= folgen. In Neander war von beiden etwas. Ruhig, kritisch beobachtete er die Dinge weltlichen Inhaltes. Aber der ahnende Zug seines Geistes richtete sich auf göttliche Ur= sachen und Zwecke. Namentlich in allem wahrhaft Eigen= thümlichen und Bedeutenden eines Menschen erblickte er zugleich eine göttliche That und Verheißung. Die Mensch= heit stand vor seinen Augen wie ein großer Garten Gottes, in welchem die Pflanzen je ihren eigenen Ort, Art und Zweck haben, die einen wild wachsend, die anderen veredelt im Reiche Gottes. Wie Gegenwart und Vergangenheit auch in dieser Erkenntniß sich wechselseitig beleuchten, so faßte er die doppelte Aufgabe des akademischen Pädagogen und Historikers zusammen, und man konnte fragen, in welcher von beiden Thätigkeiten er größer sei. Ohne Zweifel ist Schleiermacher, welcher den Begriff des Eigenthümlichen in den Gebieten der Wissenschaft als die eine Seite des Lebens aufwies, der gewesen, welchem auch Neander die

Hinführung zu dieser Erkenntniß verdankte. Aber die religiöse Scheu, mit welcher er darin etwas von Gott Gegebenes erblickte, gehörte ihm eigen. Wo er in einem jungen Manne eine eigenthümliche Gabe entdeckte, da stand er beobachtend still, mühete sich mit theilnahmvoller Ueberlegung, sie zu entwickeln, und zu einem Charisma für das Reich Gottes zu bilden. Es war ihm nicht darum zu thun, eine zwischen engen Grenzen sich bewegende Schule zu stiften, sondern in freiester Wahl den Weg zu finden und bahnen zu helfen, auf welchem das Talent zu dem von Gott gewollten Ziele gelange. Theologen der verschiedensten Art, welche im praktischen oder theoretischen Berufe mit glücklichem Erfolg gewirkt haben, blicken dankbar auf die wissenschaftliche und christliche Anregung zurück, welche belebend auf sie wirkte, ohne durch zwingende Autorität ihre Natur zu verschränken. So vorsichtig war er in der Besorgniß vor solcher Schädigung, daß er es wohl aussprach: es ist ein Talent in diesem jungen Manne, was mir fremd ist und was ich noch nicht verstehe; wir müssen also abwarten. Der Umfang seiner Receptivität für die Wahrnehmung der Eigenthümlichkeiten war aber außerordentlich groß, und eben so groß die Fähigkeit, die Bewegung fremdartiger Kräfte zu verstehen. Seine eigene Natur fand nach verschiedenen Seiten hin ihre Schranken. Es gehörte zu seiner Einfachheit und Wahrheit, daß er sich deren sehr bestimmt bewußt war und sie nicht überschritt. Dagegen verstand er meisterhaft den Verfolg des religiösen Lebens in der reichen Fülle seiner Erscheinungen.

Was einem tiefer blickenden Geschichtschreiber unerläßlich ist, daß er ahnend sich hineinversetze in das innere Sein, in die Mischung und das Getriebe der Kräfte in den Menschen, welche ihm sich darstellen, daß er dann aus der allmäligen und genaueren Erkenntniß der einzelnen Thatsachen das Unmittelbare seiner Erkenntniß bestimme und berichtige, dieses Vermögen besaß Neander in hohem Maße. Er schildert die verschiedenartigsten Gestalten, wie wenn er mitfühlend ihr eigenes Leben gelebt hätte: Daher die phychologische Wahrheit in der Beschreibung eines ihn abstoßenden Charakters, wie Julian. Gleich darauf versenkte er sich in den großartigen prophetischen Geist des Bernhard von Clairvaux. Seine Monographie über diesen religiösen Heros des Mittelalters ist belebt von warmer Verehrung für seine erhabene Gestalt und gehört auch nach der Form zu Neanders schönsten Leistungen. Ohne die Besonnenheit des evangelischen Urtheils preiszugeben, erfaßt er mit tiefer Sympathie die mystische Innerlichkeit und die ausgebreitete Praktik des Mannes, und läßt aus den mittelalterlichen Formen seine allgemeine Bedeutung aufleuchten. Wie ihn selbst eine allmälige Vorbereitung gleichsam mit sanfter Nothwendigkeit dem Christenthum zugeführt hatte, so liebte er vor allen diejenigen Charaktere, in welchen das Christenthum als eine durch Glauben und Kraft der Liebe verklärte Natur erscheint. Darum fühlte er sich besonders zu Johannes Chrysostomus hingezogen und widmete seinem Leben und Leiden ein Werk, welches das Bild dieses Helden der christlichen Liebe auffrischen und verbreiten sollte. Die Vorrede der zweiten Auflage giebt Zeugniß, wie er davon ergriffen war: Den Geist, der von Christus ausgegangen, um sein verklärtes Bild in den Gemüthern der Menschen auszuprägen, werde Jeder in dem Wort und im Leben dieses großen Lehrers der Kirche erkennen müssen und sich, indem er solcher Betrachtung sich hingiebt, davon tief bewegt und durchdrungen fühlen. Und diese Bewegung begleitet die ganze Darstellung bis zu den einfachen und doch tief gefühlten Worten, welche den Tod des großen Märtyrers schildern. Wiederum, wenn er den stürmischen Lebensgang Augustins verfolgt, die Abgründe der

Sünde, die Kämpfe, das Ringen nach Wahrheit, seine Be=
kehrung, die Ursprünge und Entfaltung seiner die Theologie
umgestaltenden Ideen, so geht ihm auch das Verständniß
dieses sehr verschiedenen Geistes wie aus eigenem Erlebniß
hervor. Sogar den spröden Stoff, welchen die Schriften
des herben Tertullian enthalten, hat er in seinem Buch über
den Geist Tertullians sich assimilirt und ihm seine wichtige
Bedeutung unter den Gegensätzen seiner Zeit und als Vor=
läufer Augustins angewiesen. Er wußte in dieser Hinsicht
allen alles zu sein.

Vielleicht ist es unerwartet, daß er, welcher das Auge für
die äußere Welt kaum zu öffnen schien, ein großes Interesse
für die Gesichtszüge besaß. Die Portraits von Freunden
oder von Männern, welche er wegen ihres geistigen Werthes
achtete, bedeckten die Stellen der Wände, welche die Bücher
frei lassen mußten. So viel sah er in großer Nähe, daß er die
Züge zu erkennen vermochte, und er besaß eine überraschend
feine Wahrnehmung für das Talent, den Charakter und das
christliche Leben, welche in ihnen ihren Ausdruck fanden. Er
äußerte seine Beobachtungen, aber mit wohlverstandener
Schonung äußerte er sie selten über Lebende. Pascals Gesicht,
unschön in seinen Formen, zog ihn in hohem Grade an wegen der
Lebendigkeit und christlichen Freudigkeit, welche es abspiegelte.
Von dem Bilde Cromwells vor dessen Biographie von
Carlyle, aus dem die Kämpfe der Vergangenheit, der düstere
Ernst seines Lebens und der eiserne Charakter sprechen, sagte
er: das Bild sei das Beste an dem ganzen Buche. In so
weitem Umfange interessirte ihn alle Genialität in höheren
geistigen Hervorbringungen, daß er, der niemals ein Concert
besuchte, doch die Absicht hatte, den Musiker Liszt zu hören,
als er zum zweiten Male nach Berlin kam, weil in ihm eine
hervorragende Eigenthümlichkeit sei. Ich zweifle indeß, ob
es dazu gekommen ist.

Dagegen war ihm der Sinn für die landschaftliche Schön=
heit der Natur gänzlich versagt. Die idealistische Richtung des
Geistes wendet häufig von derselben ab. So war es bei
Fichte und wenigstens theoretisch bei F. H. Jacobi, mehr noch
bei den alten Alexandrinischen Religionsphilosophen, mit denen
Neanders Bildung Verwandtschaft hatte. Aber in ihm war
eine Wirkung der Anlage, und nicht blos der Bildung, auf
diesen Punkt. Zwar das Grün des Waldes machte ihm
einen angenehmen Gesammteindruck, und den hellen Sonnen=
schein liebte er auch. Scherzend sagte er wohl, er dürfe sich,
wie der Kaiser Julian, einen Sohn der Sonne nennen.
Aber schon als er in Heidelberg war, befremdete es seine
Collegen, daß ihm die Schönheit der Gegend niemals einen
Eindruck machte. Selbst die herrliche Natur von Salzburg
ließ ihn völlig kalt. Ich war einst Zeuge von einem
kleinen Streite zwischen ihm und seiner Schwester über die
Wahl des Ferienortes. Um seinen Büchern möglichst nahe
zu sein, wünschte er nach dem Dorfe Weißensee bei Berlin
zu ziehen, dessen landschaftliche Reize in einem Teiche be=
standen von etwa hundert Schritt im Durchmesser, um wel=
chen auf drei Seiten ein von spärlichem Gebüsch beschatteter
Weg führte. Die Schwester hielt eine weitere Entfernung
von der Heimath für nützlich und pries die Schönheit von
Salzburg. In Weißensee, erwiderte der Bruder, mehr im
Ernst als im Scherz, ist es eben so schön. Sein Amanuensis
und Reisegefährte Schneider bemühte sich wiederholt, ihn
für die Anmuth der Gegend von Karlsbad empfänglich zu
machen. Neander leugnete in der Regel einen Eindruck von
ihrer Schönheit zu haben, und antwortete: Das vergesse
ich doch wieder. Auf einem Spaziergange pflückte aber einst
Schneider eine Herbstzeitlose und reichte sie ihm mit den
Worten hin: Ist das nicht schön? Da nahm er sie in die
Hand, blickte lange, lange in die Blumenkrone hinein und

sprach endlich mit verhaltener Stimme: Wie hat unser Herr doch so Recht, wenn er sagt, daß auch Salomo in seiner Herrlichkeit nicht bekleidet gewesen sei, wie dieser eine *). In der zarten Schönheit dieses Gebildes spürte er etwas von der göttlichen Kunst in der Natur, indeß er fühlte nie den Trieb, sie aufzusuchen.

Nicht größere Theilnahme gewann ihm die bildende Kunst der Menschen ab. Weder sein inneres, noch sein äußeres Auge war für ihre Schönheit geschärft genug; höchstens daß er die großartigen Kirchen des Mittelalters als Zeugnisse für die Kraft des kirchlichen Gemeingeistes achtete. Ein wenig anders war es mit der Poesie. Den griechischen Dichtern, namentlich den Tragikern, bewahrte er die Jugendliebe, welche er ihnen zugewandt hatte. Von deutscher Poesie hatten ihn die Romantiker in einem gewissen Grade angezogen, weil die Jugendfreunde ihn darauf führten. Doch das war vorübergehend. Justinus Kerner hatte selber zu jenen gehört, und Neander bewahrte seiner Person lebhafte Theilnahme, als das Interesse für seine Poesie schon sehr gesunken war. Mit vielem Vergnügen berichtete er von einem Epigramm Kerners auf das Leben Jesu von Strauß: „Von David, Isai's Sohn ging Jesus Christus aus, doch dieses Leben ist von David Friedrich Strauß." Nachhaltiger war seine Neigung für Claudius Poesie. Er rühmte allezeit die sittliche Reinheit, die Frömmigkeit, die treffenden Bemerkungen gegen die Irrthümer des Zeitgeistes. Dies ist bezeichnend für das Verhältniß, welches er in der Reihe seines Lebens zur Poesie überhaupt einnahm. Obgleich er ihren Werth und den Genuß derselben in anderen als vollberechtigt erkannte, so war er selbst doch mit so tiefem Ernst auf die

---

*) Auch diese Notiz verdanke ich meinem werthen Freunde, Herrn D. Schneider.

göttlichen Dinge und die Aufgabe seines Berufes gerichtet, daß ihm alles auf die Wahrheit und wenig auf die Schön= heit ankam. Was er daher an der Poesie schätzte, an der classischen wie an der modernen, war Adel der Gesinnung, ein Hauch des göttlichen Geistes in ihrem Inhalt. Vor allem, wo im Dichter die Sehnsucht nach Gott sich regte, fand er bei ihm ein Echo. Darum mußte er auch Göthes Faust von dieser Seite zu würdigen, und wiederholte gern als ein Zeugniß für den Zug, welcher seine Seele nach oben richte, die Worte:

> Dein Herz ist zu, dein Sinn ist todt.
> Auf, bade Schüler
> Unverdrossen
> Die ird'sche Brust in Morgenroth.

Das Tiefsinnige, Bedeutungsvolle fand er auch in den nicht theologischen Schriften mit glücklichem Spürsinn heraus, und das Treffende der Bezeichnung, und die Fassung eines reichen Inhaltes in knappe Form schätzte er sehr hoch. Deshalb liebte er entgegengesetzte Geister, wie den in seiner Prägnanz unerreichten Hamann, welchen er den Studirenden zu fleißigem Nachdenken empfahl, und Pascal, der es verstand, seine tiefen theologischen und philosophischen Gedanken auf den kürzesten und schärfsten Ausdruck zu bringen. Er rühmte in diesem großen Apologeten die Verbindung der Gedanken= fülle mit der Macht über die Sprache, und pflegte unter den Beispielen dafür den inhaltvollen Satz anzuführen, welcher zugleich die Extreme hinstellte, zwischen denen er selber seinen eignen Standpunkt nahm: La nature confond les pyrrhoniens, et la raison confond les dogmatistes. Er widmete Pascal zwei Abhandlungen in der Akademie der Wissenschaften. Neanders eigener Styl hätte, wie die Briefe aus seiner Jugend zeigen, wohl eine gewisse Rhe= torik annehmen können. Doch das geschah in Nachahmung

Fremder und er streifte die Zuthat ab, sobald er zur Selbst=
ständigkeit gelangt war. Seine Darstellung hat nichts
Plastisches, nichts Malerisches, weder in der Gruppirung der
Sachen, noch im Gefüge der Säße, noch im Einzelausdruck.
Es wäre oft nicht schwer gewesen, bewegteren Vorgängen
etwas von dramatischer Lebendigkeit zu geben, aber er thut
das nie, selbst dort nicht, wo er die Elemente dazu liefert.
Da er sich nun überdies weniger zur Aufgabe macht, die
bunten Farben an der Außenseite der Geschichte in's Auge
zu fassen, welche ihr etwas von sinnlicherem Reiz geben, so
hat die Form in seinen Geschichtswerken nicht selten eine ge=
wisse Breite und Eintönigkeit. Indeß sie entschädigt dafür
durch ihre Einfachheit und Unmittelbarkeit, in welcher sie
seiner Auffassungsgabe für das innere Leben in der Ge=
schichte entspricht. Sie ist überall ungekünstelt, frei von
Formeln jeder Art und begleitet mit warmem Ausdruck der
Zustimmung oder des Widerspruchs den historischen Verlauf.
In den Theilen, welche ihm durch ihre Beschaffenheit vor=
zugsweise zusagen, steigert der Affect die Lebhaftigkeit der
Darstellung und macht sie anziehend. Man wird dies an
vielen Stellen des ersten Bandes seiner allgemeinen Kirchen=
geschichte, nicht minder in seiner Abhandlung über die Kir=
chengeschichte des 19. Jahrhunderts, und in der Monogra=
phie des heiligen Bernhard bestätigt finden.

Wenn man von dem Eifer hört, womit Neander die
Hegel'sche Philosophie bekämpfte, und wenn man beobachtet,
wie wenig er in seiner Kirchengeschichte sich geneigt zeigt,
die Erkenntniß der göttlichen Dinge aus der Spekulation
abzuleiten, so könnte man auf die Meinung kommen, daß er
überhaupt dem Philosophiren und den Philosophien fremd
geblieben sei. Nichts würde irriger sein. Er hatte viel=
mehr gründlich über die metaphysischen Probleme nachge=
dacht. Die Nothwendigkeit der Philosophie für die Ent=

wicklung des Denkens und insbesondere für die Ausgestaltung
der religiösen Wahrheiten erkannte er sehr wohl, und maß
vielen prinzipiellen Bestimmungen einen bedeutenden Werth
zu, aber er hatte sich überzeugt von den Schranken der
menschlichen Vernunft und setzte, was der Philosophie gehört, in die zweite Stelle, seitdem ihm die Bibel die sicherste
Quelle derjenigen Wahrheiten ward, welche für Leben und
Tod des Menschen das entscheidende Gewicht haben. Seine
Kenntniß der Geschichte der Philosophie war umfassend und
gründlich, nur daß ihn nicht das Formale, sondern das reli-
giös und sittlich Bedeutende anzog. Mit der Einschränkung,
welche der unbedingte Werth des Christenthums erforderte,
liebte er die großen Philosophen des Alterthums und schrieb
ihnen, wie Clemens von Alexandria, etwas von einer vor-
wirkenden Offenbarung des großen göttlichen Erziehers der
Menschen zu. Diese Anerkennung leitete ihn in seiner großen
Abhandlung über das Verhältniß der hellenischen Ethik zur
christlichen. Die Schriften des Plato, des Aristoteles, des
Plutarch, sogar die schwierigen Werke des Plotin, hatte er
so gründlich gelesen und war darin so heimisch, daß er einem
Philosophen von Fach in dieser Hinsicht kaum nachstand.
Die tiefen Denker des Mittelalters bewunderte er; man
merkte es in seinen Vorlesungen über Scholastik an der wach-
senden Lebendigkeit der Darstellung, wie er sie genauer kennen und schätzen lernte. Was er in seiner Kirchengeschichte,
seinen dogmengeschichtlichen Vorlesungen und in besonderen
Abhandlungen über Abälard, Thomas von Aquino, Raimundus Lullus, welchen er auf's Neue an's Licht gezogen
hat, vorträgt, das giebt Zeugniß von seinem eindringenden
Studium, wenn es auch nach den Zwecken beschränkt und nur
ein Auszug aus der Fülle seines Wissens ist. Für die
Mystik und die Theosophie aller Zeiten hatte er eine Zuneigung wegen der größeren Unmittelbarkeit der Anschauungen,

und wegen der Sehnsucht nach Gott, welche darin herrscht. Sein epochemachendes Werk über die gnostischen Systeme, welches 1818 erschien, brachte zuerst Licht in die fremdartigen Gestalten und labyrinthischen Irrgänge dieser Theosophie, und beweist für sich allein schon, mit welchem Scharfsinn er selbst in das Dunkel nebelhafter Spekulationen einzubringen vermochte. Unter den neueren Theosophen fesselte ihn der originelle Jakob Böhm und der fromme St. Martin, welcher in der religiösen Oede der französischen Revolution in verhüllenden Formen das Christenthum predigte. Das Studium der neueren Philosophen nahm einen bedeutenden Raum unter den Elementen seiner Jugendentwickelung ein und gern führte er auch später noch die Studirenden hin auf die dem Christenthum verwandten Seiten in F. H. Jacobi und Kant. Mit Schleiermacher, welcher einst der leitende Stern seines Denkens gewesen war, wirkte er in Berlin collegialisch zusammen. Aber er ward wohl seitdem erst gewahr, wie weit ihre Richtungen auseinander gegangen waren. Indem er mit Erfolg sich bemüht hatte, sein theologisches Denken aus der Schrift in möglichst einfachen Formen zu entwickeln, war er weit abgewichen, weniger von den Prinzipien, als von der Ausführung der mit philosophischen Elementen durchdrungenen Theologie Schleiermachers. Es entging ihm nicht, daß seine Dogmatik die Nachwirkungen pantheistischer Art nicht völlig überwunden habe. Die dialektische Methode hätte er ihm als seine eigenthümliche Form der Mittheilung gern gestattet, nicht aber die Künstelei, mit welcher er zuweilen exegetische Beweise für dogmatische Behauptungen zuwege brachte. Zu dem allem kam hinzu, daß auch unter Schleiermachers Schülern eine große Zahl untergeordneter Nachsprecher waren, welche, wie mir Neander später mit einer gewissen Ueberwindung gestand, das Zusammenleben mit ihm schwer erträglich gemacht hätten.

Darum ist es zwischen beiden nie zu einem Verkehr, der über
amtliche Berührungen hinausging, nie zu einem freundschaft=
lichen Umgang gekommen. Aber die Größe des Mannes,
welchen auch Niebuhr an Geist über alle anderen Mitglieder
der Universität setzte, verkannte er darum nicht. Trauernd
verkündigte er den Studirenden seinen Tod mit den Worten,
daß der Mann dahingeschieden sei, von welchem man der=
einst eine Epoche in der evangelischen Theologie datiren
werde. Da nun der unmittelbare Einfluß Schleiermachers
aufhörte, dagegen die theologische Nachwirkung Hegels immer
mächtiger ward, so rief er den Geist jenes gegen diesen zu
Hülfe. Wenn er daher in den letzten fünfzehn Jahren seines
Lebens Schleiermachers gedachte, so geschah es stets mit
Anerkennung, und wo er von den Auffassungen desselben
abwich, suchte er doch zugleich das Richtige neben dem Un=
haltbaren herauszufinden; anders, wie viele Theologen ver=
fahren, welche seine Ideen benutzen, aber nur da seinen
Namen nennen, wo sie ihn bestreiten.

Seinen heftigsten Kampf stritt er gegen die theologischen
Einwirkungen der Hegelschen Philosophie. Einen Pantheis=
mus, welcher sich mit einem innigen religiösen Gefühl ver=
band, wie bei manchen Mystikern und in der Naturphilo=
sophie, hätte er mit größerer Nachsicht ertragen; allein der
Hegelsche Pantheismus, welcher das religiöse Gefühl als die
niedrigste Stufe des Geisteslebens, und den philosophischen
Begriff als die adäquate Form für die Glaubenswahrheiten
betrachtete, erschütterte das Vertrauen auf die Religion und
raubte dem Glauben seinen übernatürlichen und geschicht=
lichen Inhalt. Die Persönlichkeit ward zu einem in dem
Prozesse des Alllebens auftauchenden und untergehenden
Momente, und dieser Prozeß hatte das Gesetz seiner Be=
wegung in dem Schema der abstrakten logischen Formen.
Neander, der die Prinzipien der Philosophien an den Grund=

wahrheiten der heiligen Schrift zu messen gewohnt war, er= kannte mit seinem Tiefblick früher als andere das Bedenk= liche der sogenannten absoluten Philosophie, welche um so gefährlicher ward, da sie durch den Minister Altenstein be= günstigt und durch talentvolle Schüler verbreitet, an den Universitäten die Herrschaft gewann. Seine Ansicht war, daß namentlich in Berlin einer anderen Philosophie Raum geschafft werden müsse. Als daher i. J. 1834 Gabler die ohnehin große Zahl von Docenten Hegelscher Schule ver= mehren sollte, arbeitete er mit allen Kräften gegen dessen Berufung. Er forderte Kottwitz *) und den Hofprediger Ehrenberg auf, welchen er wegen der edlen, ungekünstelten Einfachheit und Würde seiner Predigten vor allen Predigern der Hauptstadt liebte, daß sie den König über die Gefahr der Maßregel aufklären möchten. Allein ihr Einfluß unter= lag den Gegenwirkungen Altensteins und Göschels und jene Philosophie behauptete an der Universität die Herrschaft, bis unter Eichhorns Verwaltung eine merkliche Wandlung eintrat. In dem durch Kant und Fichte befruchteten Ratio= nalismus bewahrte noch der sittliche Wille einen Achtung gebietenden Ernst, und neben seichter Religiosität vieler fand sich bei anderen eine warme Frömmigkeit, ein herz= liches Vertrauen auf die Vorsehung Gottes. Hier aber ward das geistige Leben im einzelnen Menschen und in der Geschichte lediglich zu einem logischen Prozesse, welcher die Gegensätze von gut und böse mit gleicher Nothwendigkeit hervortrieb und wieder zur Einheit führte, und dessen Betrachtung das Höchste sein sollte, was die Erkenntniß zu erreichen vermöge. Neander sah voraus, wie nunmehr eine Virtuosität im Gebrauche von begrifflichen Formeln, die um so leerer waren je allgemeiner sie lauteten, an die Stelle

---

*) Siehe W. Baur Neue Christoterpe 1883. S. 235.

einer Wissenschaft treten werde, welche das Gegebene, Ge=
schichtliche in seiner Mannigfaltigkeit würdige. Mochten
auch Menschen von Gemüth und aufrichtiger Frömmigkeit
Lutherthum und Hegelthum in einander mischen, wie der
unglaublich und unlesbar verworrene Göschel, so zeigte doch
Marheineke's Dogmatik den erstarrenden Formalismus,
welcher an die Stelle der christlichen Glaubenswahrheiten
gesetzt ward, die Herz und Willen bewegen. Neander hatte
wohl Recht zu sagen, daß mit der Auflösung der Glaubens=
sätze in philosophische Kategorien eine neue Scholastik ent=
stehe, welche noch Widerstrebenderes zusammenbringe als
die alte, die sich mit der Anwendung der Aristotelischen
Formen begnügte. Marheinekes Werk ist wie ein Rechen=
exempel gearbeitet, und steht in der Abstraktion der Formu=
lirung ebenbürtig neben der Ars magna des Raimundus
Lullus, oder der Encyclopädie des Calov und dem Compen=
dium Königs, eines anderen lutherischen Scholastikers. Wenn
man die Vocabeln jenes Buches zählte, so würde man, glaube
ich erstaunen, mit einem wie ärmlichen Wortschatz sich eine
solche Dogmatik zusammenstellen läßt. Nun entsprang ein
jüngeres Geschlecht, welches zweideutig vor sich und anderen,
sich fortwährend zwischen den christlichen Vorstellungen und
den philosophischen Begriffen hin und her bewegte. Sie
glaubten an Gott, aber an keinen persönlichen, an Christus,
den Sohn Gottes, aber der Begriff der Gottmenschheit er=
forderte, daß die ganze Menschheit Sohn Gottes sei. Die
Unsterblichkeit sei zu glauben, aber keine persönliche. Mit
diesen Selbsttäuschungen und Sophistereien räumte Strauß
auf, indem er sich von der mythischen Dichtung der Evan=
gelien lossagte. Baur, übereinstimmend mit Strauß in der
Leugnung der geschichtlichen Wahrheit der evangelischen
Berichte von Christo, ergänzte die Straußische Kritik mit
dem positiven Nachweis, daß sie aus den kirchlichen Zu=

ständen des zweiten Jahrhunderts abzuleiten seien, und daß
diese Entwicklung dem von Hegel aufgestellten Gesetze des
begrifflichen Prozesses entspreche. Es ging in Erfüllung,
was Neander vorausgesehen, daß die Vergötterung des Be=
griffes an die Stelle der Religion gesetzt und das Christen=
thum in die Reihe der blos menschlichen Produkte herab=
gezogen werden würde. Hiegegen kämpfte er fortan münd=
lich und schriftlich, in seinen exegetischen und historischen
Werken, mit großer Kraft und mit großem Kummer. Es
handelt sich, sagte er, um die Entscheidung zwischen dem
christlichen Theismus und dem Prinzip der Welt= und Selbst=
vergötterung. Er sah ein Geschlecht von Kritikern hervor=
gehen, welches sich voraussetzungslos dünkte, weil es sich
losgemacht hatte von den objectiven und subjectiven Voraus=
setzungen des Christenthums, um sich desto sklavischer an die
philosophischen Prinzipien oder die des empirischen Ver=
standes zu binden. Ohne Kenntniß des menschlichen Herzens,
ohne Rücksicht auf die Rechte des Gemüthes, ohne Sinn für
das Heilige und Geheimnißvolle übten profane Geister die
Kritik an den Neutestamentlichen Schriften, wie Neander sich
ausdrückte, mit einem Fanatismus des Verstandes, welchen
er mit Recht für eine fast unheilbare Verdorrung der Seele
hielt. Mit schmerzlichem Unwillen äußerte er, daß ein der
Sinnlichkeit ergebener Mensch, der in lichteren Augenblicken
die Regungen des Gewissens fühle und sich nach Erlösung
sehne, ihm lieber sei, als diese kalten Fanatiker, welche für
keinen Eindruck der höheren Wahrheiten empfänglich seien.
Der feurige Eifer, mit welchem er dagegen redete, hatte den
Zweck, die Jugend vor dem Ersterben der edelsten Organe
zu bewahren, was sie untauglich gemacht hätte nicht nur für
die Theologie, sondern auch für das Christenthum. Darum
also wies er jetzt wieder nachdrücklicher auf die Wahrheits=
elemente der Schleiermacherschen Theologie hin. Es war

unter seiner Theilnahme geschehen, daß die Schleiermacher'sche Stiftung gegründet wurde, aus welcher ein Stipendium als Preis für eine Abhandlung zuerkannt ward. Die Aufgaben, welche auf seine Theologie Bezug nehmen mußten, regten junge Leute zum Studium derselben an. Sehr willkommen war ihm die Uebersiedelung Schellings nach Berlin als eines Vorkämpfers gegen die Hegel'sche Philosophie und die Wiederaufnahme seiner akademischen Thätigkeit. Seine Genialität, das Lebendige, Anschauungsvolle und seine Macht über die Sprache hatte er schon früher hochgeschätzt, und solche Studirende, welche sich gründlicher auf die neuere Philosophie einließen, auf die Abhandlungen über die Frei= heit und auf die herrlichen Aufsätze, die er in der Münchener Akademie vorgetragen hatte, aufmerksam gemacht. Schellings Nachweis der Grundfehler der Hegel'schen Philosophie, welcher nach langem Schweigen beiläufig in einer Vorrede gegeben ward und durch seine schlagende Kraft große Be= wegung hervorrief, erregte auch Neanders freudige Theil= nahme. Sobald Schelling nach Berlin gekommen, und als jener sich überzeugt hatte, daß für diesen tiefen Geist auch Religion und Christenthum eine entscheidende Bedeutung gewonnen hatten, begann zwischen beiden ein Verhältniß freundschaftlichster Hochachtung. Neander befand sich unter jener glänzenden Zuhörerschaft, vor der Schelling seine erste Vorlesung über die Philosophie der Offenbarung hielt, und welche aus den Größen der Wissenschaft und anderer Stände sich zusammensetzte. Man sah darunter den Kronprinzen Max von Baiern, welcher, wie Neander versicherte, es Schelling vornehmlich verdankte, daß ihm das Christen= thum ein Ernst wurde; aber auch Humboldt, Savigny, den großen Geographen Ritter, der Schellings seine ethnogra= phische Beobachtungen bewunderte, Twesten, Steffens, Trende= lenburg, um vieler anderer nicht zu gedenken. Die Hoffnung

Schellings, daß es ihm gelungen sei, die Offenbarung philo=
sophisch zu begreifen, theilte Neander freilich nicht, er ent=
schuldigte vielmehr diese Zuversicht mit der Liebe desselben
zur christlichen Wahrheit; aber er schätzte an dem großen
Denker eben diese Ehrfurcht vor Gott, die Anerkennung des
in Natur und Geschichte Gegebenen, wovon seine positive
Philosophie ausging, die Unterscheidung dieser von der ab=
stracten negativen Philosophie und die Fülle geistvoller und
in klassischem Ausdruck geformter Gedanken, von welchen
seine Vorlesungen funkelten. Er setzte der zweiten Auflage
seiner Kirchengeschichte den Namen Schellings voran, wel=
cher „den ἔρως πτεροφύτωρ in den Seelen der theuren
deutschen Jugend erwecken, aller Gemeinheit und aller Geistes=
verkrüppelung mit Macht entgegenwirken und von dem zeugen
möge, was der Geschichte Ziel und Mittelpunkt sei."
  Der christliche Glaube war für Neander die Hingabe
der ganzen Seele in ihrem innersten und tiefsten Lebens=
punkte an den Erlöser. Er war ihm Gemeinschaft mit
Christo, in welcher der Quellpunkt des göttlichen Lebens
lag, welches Frieden bringend und heilend mit neuer Kraft
die zerrissene und ohnmächtige Natur des Menschen durch=
ströme. Diese Gemeinschaft, das Gnadengeschenk Gottes,
so zart und heilig, unterschied er desto bestimmter von den
Glaubenslehren, an welchen unvermeidlich etwas von mensch=
licher Zuthat und vergänglicher Form hafte. So hoch ihm
Theologie und wissenschaftliche Erkenntniß stand, so viel
höher achtete er doch den Stand der Kinder Gottes. Wo
er eine Kraft des Lebens in Gott erkannte, sei es in der
Innigkeit der Liebe Christi, sei es im Vertrauen, in der
Selbstüberwindung, im Handeln, im Dulden, so war ihm
das die Perle des Lebens, wohin sein Herz gezogen ward,
in welchem Stande, in welcher kirchlichen Gemeinschaft oder
Zeit er sie entdecken mochte. Hier fand er den Wiederschein

des göttlichen Bildes Christi, welches einigend über den
Zeiten und Parteien schwebt. Dies fesselte ihn an die ein=
fach großen christlichen Charaktere unter seinen Zeitgenossen,
wie Kottwitz, Jänicke, Goßner, und immerfort wiederholte
er es, daß sie in ihrem einfältigen und bewährten Glauben
etwas unvergleichlich Höheres besäßen, als die theologische
Wissenschaft, welche ihnen fehlte, und welche sie vielleicht
nicht hinlänglich würdigten. Wie er sich in Demuth vor der
Frömmigkeit solcher Männer beugte, das hebt ihn selbst nur
um so höher empor. Es sprach sein dauerndes Gefühl aus,
was er gegen Goßner äußerte, als er beauftragt ward, diesem
beim Eintritt in das Pfarramt zu Berlin eine Prüfung ab=
zunehmen: Es beschämt mich tief, daß ich einen Mann über
christliches Leben examiniren soll, welcher so viel mehr davon
versteht, als ich selbst. Zur Charakteristik beider Männer
füge ich eine Anekdote ein, die ich einem werthen Freunde
verdanke. Dieser, welcher mit Goßner genauer bekannt war,
besuchte ihn einst, und zwar in dem Zeitpunkt, da er selber
beabsichtigte, sich als Privatdocent zu habilitiren. Als
Goßner dies erfuhr, erwiderte er, er möge doch lieber Pastor
werden. Sei es nicht viel besser, vor 3—400 Bauern zu
predigen, als vor 3—4 Studenten Vorlesungen zu halten?
Wenn er als Docent die Studenten zur Versöhnung in
Christo führen und diese in ihnen lebendig machen könne,
das wäre freilich etwas anderes. Er habe, sagte er, üble
Erfahrungen an manchen Professoren gemacht, und kam auf
die alte Erzählung von den zwei Mönchen, welche verab=
redeten, daß, wer zuerst stürbe, dem anderen erscheinen und
ihm sagen solle, ob es sich im Himmel so verhielte, wie sie
es sich in ihrer Theologie gedacht. Der eine starb, erschien
dem andern und dieser fragte: Nun wie ist es denn im
Himmel? die Antwort war: auf Erden lehrten wir's taliter,
qualiter (so so); aber im Himmel ist's totaliter aliter (ganz

anders). Goßner fuhr fort: Dies habe ich in Wien einmal einem Prälaten erzählt, der war auch ein Mönch und ein gelehrter Professor. Er machte ein langes Gesicht und sagte: Nein, wie wir es in der Theologie haben, so ist es auch netto. Da dacht' ich: Na, mit dem sollst Du nicht erst disputiren. Aus solchen Wahrnehmungen erklärt sich wohl zum Theil die Voreingenommenheit gegen die Professoren, mit welcher er äußerte, daß diese sich über die einfältigen Gläubigen und dummen Leute erhaben dünkten. Mein Freund suchte ihn zu überzeugen, daß es auch solche gäbe, die anders dächten, und nannte als Beispiel Neander, der sich gewiß auch zu jenen dummen Leuten rechne. Er werde ihn fragen und Goßner selbst den Bescheid bringen. Nach seinem Verhältniß zu beiden Männern konnte er den Vorfall halb scherzend an Neander erzählen, worauf ihm dieser auf= trug, Goßner einen herzlichen Gruß zu bringen, ihm zu sagen, daß er auch zu den dummen Leuten gehöre und daß er ihn um seine Liebe bitten lasse. Als der Auftrag bei nächster Gelegenheit ausgerichtet wurde, erwiderte Goßner: da werde ich ja beschämt! *)

Wer Neanders Leben im Glauben kannte, wird nicht

---

*) Ein talentvoller junger Theologe ließ sich in den stürmischen Zeiten des Jahres 1848 zu weit in die Politik hineintreiben und betheiligte sich viel an der Staatskunst der Volksversammlungen. Neander ermahnte ihn endlich, seinen Beruf nicht zu vernach= lässigen und sich zu sammeln. Der sehr erregte junge Mann hatte die Kühnheit, ihm zu antworten: „Glauben Sie mir, Herr Professor, ich habe von einfachen Handwerkern in diesen Tagen mehr Theologie gelernt, als in allen Ihren Vorlesungen!" Da beruhigte sich dem stürmisch Ueberreizten gegenüber das noch eben erregte Angesicht des Meisters, und mit seinem freundlichsten Lächeln reichte er dem fast Bestürzten die Hand mit den Worten: „das glaube ich gern!" (A. W. Neander, ein rechter Israeliter. Vortrag von Lic. Rauh. S. 18).

zweifeln, daß es in entscheidenden Momenten jedem Anspruch gewachsen gewesen wäre. Er war aber zu aufrichtig gegen sich selbst, als daß er sich verborgen hätte, daß die Ueber= zeugung des Einzelnen, wenn sie so wenig wie in unserem Zeitalter von einem festen kirchlichen Gemeingeist gestützt ist, unmöglich von den Bewegungen des Zweifels unberührt bleiben könne. Wahrheit sei das Erste, sagt er in der Vor= rede zur dritten Auflage des Lebens Jesu. Ich bin von Anfang an in meiner religiösen Entwicklung zu sehr durch den Bildungsgang dieser Zeit afficirt worden, um eines starken Glaubens mich rühmen, mit jenen Heroen einer über allen Zweifel erhabenen göttlichen Zuversicht, jenen Männern der kindlichen Einfalt, die ich verehre, mich vergleichen zu können. Nach seiner Meinung war indeß dieser Zustand gegenwärtig ein allgemeiner, und wenn zuweilen die For= derung ausgesprochen ward, der Glaube müsse so fest sein, wie man sein eigenes Leben wisse, so erklärte er das für etwas jetzt Unmögliches, was Niemand fordern könne, wel= cher sich selbst genauer prüfe. Auch machte er Unterschiede im Zweifel. Nicht jeder Zweifel, urtheilte er, sei Sünde. Er schrieb an den Eingang des genannten Werkes die Worte Platos οὐ χαλεπὸν τὸ ἀμφισβητεῖν. Es sei ein anderes, selbstgenugsam und mit beschränktem, empirischem Verstande die Grundthatsachen und Grundwahrheiten des Heils zu verwerfen, ein anderes, Zweifel zu haben über diesen und jenen Einzelbericht der heiligen Schrift. Sie müßte anders eingerichtet sein, wenn ein solcher Zweifel, welcher für die Wahrheit strebt, ein Unrecht sein sollte. Unbefangene Kritik stehe mit dem kindlichen Glauben und der Weihe des heiligen Sinnes nicht im Widerspruch, sondern sie läutere und er= probe ihn im Feuer der Versuchung. In diesem Kampf bestehe für den Theologen „zumal in dieser Zeit, die ten= tatio, welcher die oratio und meditatio mit dem ernsten,

heiligen, demüthigen Sinne des in seinen Tiefen sich sam=
melnden Geistes zur Seite gehen müsse.“

Die gleiche Vereinigung gläubiger Gesinnung und maß=
voller Kritik wollte er auch auf die kirchlichen Dogmen an=
gewendet wissen. Mit Ausnahme des apostolischen Symbo=
lums, welches die Grundthatsachen des christlichen Glaubens,
ohne die es keine christliche Kirche geben kann, bezeuge, ver=
möge er keines der bestehenden Symbole unbedingt zu unter=
zeichnen. Aber er sprach damit nur offen aus, was auch
die gelehrten lutherischen Theologen der Gegenwart, wenn
sie auf das Einzelne blickend sich genau ausdrücken, mit ge=
ringen Ausnahmen ebenso für sich bestätigen würden. Er
suchte für manche Lehren nach einem reineren und schrift=
mäßigeren Ausdruck, aber er ging, wie Luther, von dem
materiellen Grundprinzip der Reformation aus, von der
Lehre vom Verderben der menschlichen Natur, welches das
Gottverwandte in derselben nicht ausschließe, sondern voraus=
setze, und von der Rechtfertigung durch den Glauben an
Jesus, als den Heiland. Das Wesentliche der evangelischen
Bekenntnißschriften, namentlich der Augsburgischen Con=
fession und ihrer Apologie, insofern es Ausdruck dieses Prin=
zips ist, gelte ihm, sagt er in der Vorrede zum „Leben Jesu“,
mit dem apostolischen Symbolum als unumstößliche Grund=
lage der evangelischen Kirche. Ueberall behandelte er die
Dogmen der Symbole, auch wo er Kritik anwendete, mit
Bescheidenheit. Er zeigte, welche Bedeutung für das christ=
liche Gemüth ihr Inhalt habe, welches biblische und syste=
matische Recht darin sei, nur daß es hie und da einen ein=
seitigen Ausdruck gefunden habe. Die Schwierigkeit hier
mit Glück zu ändern, stand ihm in ganzer Größe vor Augen.
Wer möchte wohl, sagte er in einem solchen Falle, an diesem
Dogma rütteln, wenn man nichts Besseres an die Stelle zu
setzen vermag! Jedoch einer freien Bewegung des gläubigen

Theologen in weitgezogenen symbolischen Grenzen war er sehr zugethan, und er schätzte die evangelische Union, weil sie zwei Kirchen mit einander verband, welche auf gemeinsamer Grundlage sich gegenseitig ergänzen, und besonders, weil die Union geeignet war, eigenthümlichen theologischen Richtungen freieren Raum zu gestalten.

Seine christliche Grundbetrachtung, seine ganze Theologie war dem Rationalismus in seinen verschiedenen Stadien entgegengesetzt und führte weit bestimmter als Schleiermacher darüber hinaus. So herb seine Polemik gegen die pantheistische Steigerung des Rationalismus war, so hatte er die Theologie vielmehr durch Hinstellung des Positiven über den älteren Rationalismus hinaus entwickelt, und nur auf dem Wege der Geschichtschreibung oder bei exegetischen Erörterungen kam es zu einer Polemik, in welche zuweilen die Interessen der Gegenwart hineingezogen wurden. Seine Neigung richtete sich wenig auf ein publicistisches Eingreifen in die Bewegungen des Tages. Von einer ganz anderen Seite her, deren Stärke gerade in dieser Behandlung der Dinge lag, ward er in einen theologischen Streit gezogen, welcher freundschaftliche Bande löste. Von derjenigen Richtung, welche in Hengstenberg und in der Evangelischen Kirchenzeitung ihre thätigste Vertretung fand, schied er sich ab, weil er es weder für möglich, noch für heilsam hielt, die Kirche und die Theologie auf den Standpunkt zurückzuschrauben, welchen sie vor der Ausbildung des deutschen Rationalismus einnahm. Vielleicht schätzte er, durchdrungen von der Bedeutung des persönlichen Christenthums, nicht hinlänglich den Werth eines geltenden öffentlichen Bekenntnisses für die kirchliche Ordnung, als Stütze für die Schwachen, und die Anregungen der Frömmigkeit, welche daraus hervorgehen können. In dieser Hinsicht that Neander auch seinem Freunde Twesten nicht genug, welcher, was die dogmatischen

Anschauungen betrifft, in weitgehender Uebereinstimmung mit ihm war. Twesten hielt ihm einst scherzend entgegen, daß er die orthodoxen Theologen des 17. Jahrhunderts höher achten würde, wenn sie früher gelebt hätten. Was Neander an vielen derselben auszusetzen hatte, war ihre Befriedigung in den Geschäften des Verstandes, in der Definition, Distribution und logischen Consequenz. Dieser Dogmatismus, welcher wenig Sinn für das Unmittelbare des christlichen Lebens besaß, und selbst die Mystik ausschloß, schien ihm ärmlicher zu sein, als die Scholastik des 13. Jahrhunderts, in deren Größen weit mehr Reichthum und Mannigfaltigkeit zu entdecken sei. Er war überzeugt, daß Hengstenbergs Bestrebungen zum Ziele hätten, eine ähnliche Eintönigkeit der Theologie herzustellen, und wiederum dogmatische Exaktheit zum Maßstab des Christenthums zu machen. Nun wird Niemand in Hengstenbergs Schriften, und ebenso in der Evangelischen Kirchenzeitung unter seiner Leitung, reichliche Zeugnisse christlichen Lebens verkennen; sie hat für die Förderung desselben nicht geringe Verdienste, und Neander hat dieses Urtheil ebenfalls öffentlich ausgesprochen.*) Möglich auch, daß Hengstenbergs eigenes Urtheil manchen Grundgedanken der Theologie seiner Zeit günstiger war, als seine Aeußerungen in der Kirchenzeitung. Denn wenn Neander hohe, vielleicht zu hohe Vorstellungen von der Einsicht der Pfarrer in wissenschaftliche Dinge hatte, so urtheilte Hengstenberg geringschätzig darüber. Unterscheiden Sie denn nicht Religion und Dogma? fragte ihn einst Nitzsch. O ja, erwiderte er, aber die Pastoren verstehen das nicht. Er hat also wahrscheinlich die Absicht gehabt, die theologischen Stoffe und Urtheile ihnen zuzuführen, welche er ihnen dienlich achtete und gab seiner Zei-

---

*) Leben Jesu 3. A. Vorrede.

tung die schroffe Haltung gegen alle abweichenden Stand=
punkte, die er für ihren Einfluß als nützlich erkannte, die
aber doch nicht identisch ist mit einer Entschiedenheit für
Christum. Möglich, daß auch sein persönliches Verhältniß
zu den Symbolen der lutherischen Kirche einige Freiheit
zuließ, da er ja in früheren Zeiten über den Unterschied der
calvinischen Abendmahlslehre sich indifferent aussprach, in
seiner Theorie vom kirchlichen Amt von den Schmalkaldischen
Artikeln erheblich abwich, und in seinem letzten Jahrzehnt
selbst eine kleine Heterodoxie in der Rechtfertigungslehre
nicht scheute; indeß bei seinem Drängen auf die Nothwendig=
keit, die Symbole wieder herzustellen, war ein Zugeständniß
an das Individuelle nicht ersichtlich. Er glaubte den Theo=
logen und der Kirche damit einen festen Halt zu geben und
er arbeitete unter der Regierung Friedrich Wilhelms IV.
mit einer gewissen Leidenschaftlichkeit darauf hin, welche mit
dem Hinblick auf die Folgen eines Regierungswechsels in
Zusammenhang stand. Es war daher wohl erklärlich, daß
Neander bei ihm und seinen Freunden Absichten einer rück=
sichtslosen Repristination voraussetzte. Er fürchtete die
willkürliche Unterbrechung der theologischen Entwicklung so
sehr, daß er selbst mit der Consensusformel der General=
synode v. J. 1846 nicht zufrieden war, obgleich sie von seinen
Freunden ausging und er mit dem Materiellen überein=
stimmte. Seine Meinung war, daß die Kirche in einem
Provisorium stehe, welches nur durch eine neue göttliche
Erleuchtung beendigt werden könne; jene Formel oder die
Repristination der Symbole würden nur neue Provisorien
sein, und die Anarchie vergrößern. Was er aber mit tieferer
Besorgniß in dem Gelingen der gegnerischen Bestrebungen
voraussah, das war die Einförmigkeit des Urtheils über die
Erscheinungen des christlichen Lebens. Man werde die
Einsicht in die Mannigfaltigkeit der christlichen Lebensformen

verlieren und das Reich Gottes nach kirchlich dogmatischer Schablone bemessen, so daß das Verständniß des Glaubenslebens überhaupt Schaden leiden werde. Was man auch von seinen Befürchtungen urtheilen möge, daß er diese Gefahr richtig erkannt habe, ist nicht zu leugnen. Sie ist sogar im Wachsen begriffen, da verbreitete Blätter, welche in Hengstenbergs Spuren einhergehen, einzelner Stimmen nicht zu gedenken, schon nicht einmal mehr des kirchlichen Dogma's bedürfen, sondern es bequemer finden, nach der äußeren kirchlichen Parteigruppirung die Mitglieder der evangelischen Kirche in Gläubige, Halbgläubige und Ungläubige einzutheilen.

Theologische Differenzen anderer Art kamen hinzu, um die Kluft zwischen den Standpunkten beider Gelehrten zu erweitern. Der Scharfsinn, die Fülle von Gelehrsamkeit, welche Hengstenbergs Schriften einschließen, die religiöse Kraft, die treffende Analyse religiöser Zustände, das Geschick, Schilderungen und Gedanken der heiligen Schrift auf Gegenwärtiges anzuwenden, diese Vorzüge haben seine Werke sehr vielen praktischen Geistlichen empfohlen und Neander würdigte sie in hohem Grade. Was er aber mit Recht vermißte, das war der geschichtliche Sinn, die kritische Unbefangenheit und die Einfachheit der Auffassungen und Auslegungen. Die Absicht, welche Hengstenberg verfolgte, war eine treffliche. Er gedachte das Ansehen der Bibel unter den Erschütterungen der jetzigen Theologie wieder herzustellen und der Kirche eine bis in alle Einzelheiten festgefügte Grundlage zu sichern, wie die Bibel im 17. Jahrhundert betrachtet war. Aber er schoß damit über das Ziel hinaus. Seine Vertheidigung der Traditionen über den Pentateuch haben wohl unter den jetzigen akademischen Theologen seines Faches nur wenige Anhänger und sind großentheils so künstlich, daß sie den einfachen Beobachter bedenklich machen. In gleicher

Absicht bekämpfte er jede Ermäßigung der Theorie einer wörtlichen und gleichmäßigen Inspiration, obgleich sich in seinen Schriften Spuren finden, daß er selbst nicht damit auszukommen wisse. Die Combinationen und Auslegungen enthielten so viel Gezwungenes, Absichtsvolles, daß Neander sie mit der Manier eines Advokaten verglich und sich oft und herb dagegen äußerte. Vermag wohl Jemand noch heutiges Tages jenem in seinen typologischen Auslegungen zu folgen, wenn er die 153 Fische im 21. Kap. des Evangeliums Johannis,. unter welchen fromme Christen zu verstehen seien, vorgebildet findet in den 153 600 kananitischen Holzhauern und Lastträgern der Chronik (II, 2, 17)? oder den Namen des apokalyptischen Thieres, der gleich der Zahl 666 sei, in dem unschuldigen Adonikam, welcher 666 Nachkommen hatte (Esra 2, 13)? Und das alles zu dem Zweck, aus der gleichen Methode der Typik die Selbigkeit des Verfassers von Evangelium und Apokalypse zu erweisen! Oder wenn er in den Weibern des Salomonischen Harems einen Typus des verherrlichten Reiches Gottes erblickt? Die Jungfrauen darin seien die Nationen, welche noch nicht zur Vereinigung mit dem himmlischen Salomo gelangt, aber dafür bestimmt seien; die Candidatinnen des (himmlischen) Ehestandes. Solche Deutungen verzeiht man der Exegese, wenn sie im Alter der Kindheit steht; in unserer Zeit aber haben sie ihre Analogien nur etwa noch bei der Sekte der Irvingiten, wo die Exegese im kindischen Alter zu stehen scheint. Ich könnte vielerlei dieser Art aus Hengstenbergs Commentaren sammeln und noch viel mehr anderes, was diesen Grad des Widersinnes nicht erreicht, dennoch aber Neanders Urtheil rechtfertigt, daß es jenem an Unbefangenheit und Wahrheitssinn gebrach; und das ist es, worauf es mir hier ankommt.

Denn so bald man den allgemeinen Unterschied der theologischen Standpunkte und Methoden, welcher im Vorangehenden dargelegt ist, im Auge hat, wird auch der Conflikt begreiflicher, in welchen Neander mit Hengstenberg gerieth, als seine Zeitung den Angriff Ludwigs von Gerlach 1830 gegen die Halleschen Professoren Wegscheider und Gesenius brachte. Zwar war der Gegensatz damals noch minder entwickelt, allein seine Grundzüge erkannte man auf beiden Seiten. Nachdem ein halbes Jahrhundert vergangen, be= trachten wahrscheinlich auch viele Gegner Hengstenbergs manches in seinem Verfahren mit milderem Urtheil, nament= lich nach der gründlichen und verdienstlichen Beschreibung des inneren und äußeren Zusammenhanges, welchen D. Bach= mann in seiner Biographie Hengstenbergs geliefert hat. Daß in den beiden Urhebern ein christliches Interesse und ein berechtigter Unwille über die Mißhandlung biblischer Wahr= heiten den ursprünglichen Antrieb bildete, sollte man nicht leugnen. Was Neander an dem Vorgange mißbilligte, war einmal die Heranziehung von Zuhörern jener Lehrer zu Zeugnissen wider sie. Ganz unbedenklich vermag auch ich dies nicht zu finden, wenn es, wie die Gegner wollten, ein allgemeines Recht sein soll, denn die Studenten möchten dadurch leicht in eine falsche Beziehung zur Oeffentlichkeit gerathen, das Vertrauen zwischen Zuhörern und Lehrern erschüttert und die Pietät zerstört werden. Und damals war diese im Ganzen größer, als in der Gegenwart, und die Benutzung für eine Anklage war fast neu. Andrerseits möchte ich nicht behaupten, daß nicht diese Rücksicht auch ihre Grenzen habe, und daß die Pietät gegen die akademischen Lehrer der Pietät gegen die Gegenstände des christlichen Glaubens schlechthin Schweigen gebieten dürfe. Man muß zugeben, daß die umlaufenden Gerüchte über die Exegese jener Professoren wohl geeignet waren, weitere Nachfragen zu veranlassen, und die Resultate ausnahmsweise dem öffent= lichen Urtheil preiszugeben. Indeß die Weise, in welcher

dies geschah, verdiente die Mißbilligung Neanders. Denn
der Angriff bewegte sich nicht auf rein wissenschaftlichem
Gebiete, sondern enthielt auch die Appellation an die Be=
hörden, Maßregeln gegen die Professoren zu ergreifen. Es
waren sophistische Ausreden Hengstenbergs, daß, wenn er
sich an die Kirche im Allgemeinen richte, er den König nicht
übergehen dürfe, und daß ja nicht gerade die Entfernung der
Angeklagten aus ihren Aemtern nothwendig hätte erfolgen
müssen. Denn gerade darauf kam es an, den König und das
Kirchenregiment aus dem Spiele zu lassen, wenn man mit
rein geistigen Mitteln zu kämpfen beabsichtigte. Was das
Zweite anlangt, so lag es nicht in seiner Hand, über die
Strenge der Maßregeln zu bestimmen, und er hielt auch mit
dem Wunsche, die rationalistischen Professoren aus der Kirche
zu entfernen, nicht zurück. Neander hatte also nicht Unrecht
in der Annahme, daß jene noch in Kraft und historischem
Rechte stehende Partei, welche nicht ohne Verdienst war um
die theologische Wissenschaft, durch ein Einschreiten von außen
her unterdrückt werden solle, und er erkannte darin einen
Schaden für die gesunde Entwicklung der Kirche, wie sie ihn
unter dem Regiment der byzantinischen Kaiser oder durch das
näher liegende Edikt des Ministers Wöllner unter Friedrich
Wilhelm II. erlitten hatte, welches die Evangelische Kirchen=
zeitung in einem späteren Artikel in nicht unbedenklicher Weise
in Schutz genommen hat. Um die von keiner Einmischung
äußerer Gewalt getrübte Entwicklung der Kirche und Theologie,
um die Entfaltung derselben nach ihren geistigen Gesetzen war
er so besorgt, daß er auch später sich gegen ein polizeiliches
Verbot des Lebens Jesu von Strauß erklärte. Es werde
nichts nützen, der Sieg über dasselbe müsse mit andern
Waffen errungen werden. In Hengstenbergs Streitigkeit
war er außerdem überzeugt, daß dieser und seine Freunde
den Angriff durch persönliche Einwirkungen auf den könig=

lichen Hof zu verstärken suchten, und er war im Staude, darüber unterrichtet zu sein. Man bemerkt in dem Schriftstück Gerlachs kein Zugeständniß an die kritischen und historischen Schwierigkeiten, mit welchen die Wissenschaft der Bibel schon damals zu kämpfen hatte; es war von einem Nicht=theologen geschrieben und besonders für Laien berechnet. Hengstenberg ließ es in dieser Hinsicht unverändert, obgleich er sich darauf berief, daß seine Zeitung zugleich für Theo=logen bestimmt sei. Um so mehr mußte Neander den Schluß machen, daß hier Bestrebungen keimten, die jedem das Bürgerrecht in Kirche und Theologie versagen würden, in welchem sich Ideen des letzten Jahrhunderts regten. Er sagte in seiner Entgegnung voraus, daß Hengstenberg bei seinem Angriff gegen den Rationalismus nicht stehen bleiben werde, und doch wußte er nicht, daß Gerlach in einem Briefe, welchen Bachmann mittheilt, schon ehe er jenen Artikel schrieb, seinen Freund angespornt hatte, Schleiermacher und Neander anzugreifen. Uebrigens erfordert es die Billigkeit, anzuerkennen, daß Hengstenberg seine Vertheidigung in ge=mäßigtem Tone führte, viel gemäßigter, als er ihn in späte=ren Zeiten anschlug. Und da er die Gunst der Machthaber angerufen hatte, so richteten nun auch die Angeklagten und ihre Freunde nicht immer würdige Bemühungen darauf, dort eine günstige Entscheidung hervorzubringen.

Der Erfolg des kühnen Angriffes gegen den Rationalis=mus ist ein großer gewesen. Er würde noch günstiger gewesen sein, wenn man nicht nach der äußeren Gewalt hingeschielt hätte. Er würde viel ungünstiger, von viel größerer Zerrüttung der Kirche begleitet gewesen sein, wenn diese Wünsche erfüllt worden wären. Im Ganzen ist es doch zum Glück bei der geistigen Kriegführung geblieben, welche Neander verlangte und selber übte. Sie hat hin=gereicht, aus der theologischen Generation, welche damals aufwuchs, den Rationalismus zu verdrängen. Für Gesenius Vorlesungen hatte die Anklage und der ministerielle Verweis, welchen sie veranlaßte, die Wirkung, daß er sich selbst mehr in Zucht nahm. Ich wenigstens habe in drei großen Vorlesungen, welche ich im Jahre 1835 hörte, zwar manche Späße, gute und schlechte, aber keine Frivolitäten vernommen, und außerdem vieles Lehrreiche und Anziehende.

Neander hat weder in der Zeit des Bruches selbst, noch nachher das christliche Band geleugnet, welches ihn mit Hengstenbergs Orthodoxie verknüpfte. Auch war er stets bereit, in Werken der evangelischen Mission und Liebesthätigkeit gemeinsam zu handeln, aber die Parteistandpunkte im Ganzen blieben geschieden und eine Handbietung, welche er in den „Worten des Friedens" versuchte, ward bald darauf durch eine geringschätzige Behandlung in einem Artikel der Kirchenzeitung bereitelt. Vielmehr vergrößerte sich die Differenz im letzten Jahrzehnt mit der einflußreicheren Stellung Hengstenbergs als Parteiführer. Denn seine Kirchenpolitik wurde immer thätiger in der Förderung gleichgesinnter Personen und in der Hinderung derer, welche sich „nicht zu ihm hielten", wie in der Beseitigung kirchlicher Maßregeln, die von der Gegenpartei ausgingen. Mit Bedauern sah Neander, daß es ihm gelang, den König Friedrich Wilhelm IV. dadurch gegen die 1846 entworfene Kirchenverfassung einzunehmen, daß er sie als ein Produkt demokratischer Art bezeichnete. Jetzt wird man wohl darüber einig sein, daß unserer Landeskirche viele Wirren erspart worden wären, wenn sie mit dieser oder einer ähnlichen Verfassung ausgestattet, der leidenschaftlichen Erregung der folgenden Jahrzehnte gegenüber gestanden hätte. Hengstenbergs wissenschaftliche Werke entwickelten sich gleichfalls in jener, dem Neanderschen Geiste fremdartigen Richtung und seine Kirchenzeitung, je sicherer sie ihres Einflusses war, um so weniger entging sie der Gefahr, welcher die Journalistik ausgesetzt ist, vor allem ein Blatt, das sich zur Aufgabe macht, die Führung einer Partei zu übernehmen. Von der unkritischen Bereitwilligkeit, ungegründete Beschuldigungen gegen außen Stehende aufzunehmen, gab sie nicht seltene Beispiele; und andrerseits war Hengstenberg nach Neanders Ansicht nicht kritisch genug in der Wahl der Mitarbeiter, wenn er glaubte, sich ihrer mit Vortheil bei seinen Angriffen bedienen zu können. Jener sah es z. B. schon in den ersten Jahren der Kirchenzeitung mit Verdruß, daß Bruno Bauer hinzugezogen wurde, dessen zweideutige Theologie er sehr sicher durchschaute, obgleich Bauer erst später zu dem Versuche fortschritt, Strauß zu überbieten in der Unter= grabung des Christenthums. Neander würde eine noch traurigere Bestätigung dieses Vorwurfs erfahren haben, wenn er die Versammlung der Evangelischen Alliance und das Tagebuch eines Zeugen derselben erlebt hätte. In dieser Versammlung waren eine große Zahl der ehrwürdigsten christlichen Männer aus den verschiedensten Ländern Europas gegenwärtig, manche darunter, welche unter Gefahr und Schmach Zeugniß für das Evangelium abgelegt hatten. Hengstenberg vergaß sich so weit, daß er diese Versammlung in hämischster Weise verunglimpfen ließ und sich dazu eines jungen Mannes bediente, dessen Charakterlosigkeit auch ein geringerer Menschenkenner als er war, durchschaut hätte. Anstatt diesen unwürdigen Gesellen, welcher später in gleich unwürdiger Weise zur römischen Kirche übersprang, in Zucht zu nehmen, befestigte er ihn in seinem pietätslosen Verhalten durch Aufnahme des Tagebuchs in seine Zeitung. Zwischen den Artikeln von Gerlach und Preuß lag eine lange Strecke. Mit dem Angriff auf die Rationalisten hatte man angefan= gen, zu dem Angriff auf die bewährtesten Zeugen des christ= lichen Glaubens, welche nichts wollten, als Schutz und

Förderung der gemeinsamen evangelischen Interessen, war man vorgeschritten. Neander war demnach nicht ganz im Irrthum gewesen, als er voraussah, daß Hengstenberg sich auf einer abschüssigen Bahn bewege, auf welcher die Zwecke der Partei immer weiter die allgemeinen sittlichen Normen verdunkeln würden.

Ganz anders verhielt sich Neander in seiner Gesinnung zu denjenigen, welche die lutherische Orthodoxie nach den Traditionen ihrer Jugendbildung bewahrt, und sie mit lebendigem Glauben angeeignet hatten. In solchen hatten diese dogmatischen Formen etwas Naturgemäßes, nicht das Absichtsvolle, Gemachte, was von den Repristinationen unabtrennbar ist. Hier wurde es ihm daher weit leichter, in der gemeinsamen Liebe zu Christo die Trennung der theologischen Bildungsstufen auszugleichen. Einem Manne dieser Art, dem D. Heubner, war er mit rückhaltloser Liebe und Verehrung ergeben. Er hatte ihn in Gesellschaft des Baron von Kottwitz persönlich kennen gelernt, und ich weiß es aus dem Munde des letzteren, mit welchem Ausdruck kindlicher Verehrung Neander, zufällig auf einem niedrigen Stuhle sitzend, zu Heubner aufblickte. Diese Begegnung knüpfte das innigste Band. „Seitdem habe ich immer zu Ihnen, als einem der Lichtpunkte in den Finsternissen dieser verweltlichten Zeit hingeblickt". So sagte er als er Heubner, dem Theologus non gloriae, sed crucis, eines seiner schönsten Werke, den zweiten Theil seiner Kirchengeschichte in zweiter Auflage widmete.

Eine Theologie, welche nicht nach weltlichem Ruhm trachtet, sondern sich unter das Kreuz Christi stellt, war es, die Neander auch für sich wollte. Sie sollte die Darlegung der in Christo geoffenbarten und im eigenen Innern erlebten Wahrheit sein. Das ist es was er, einen Spruch eines klassischen Rhetors in christliche Sprache übersetzend, mit den

Worten behauptete: das Herz ist es, was den Theologen macht (pectus est quod theologum facit). „Die Theologie", sagte er, „gedeihet nur in der Stille des sich an Gott hingebenden Gemüthes. Was aus dem lärmenden Treiben der Welt und dem eitlen Zeitgeschwätze hervorgeht, ist nicht Theologie zu nennen." Die rechte Theologie sollte nach seiner Ansicht dadurch von Christo zeugen, daß sie von Christo komme und zu ihm führe. Die Kirchengeschichte aber war ihm das durch die Jahrtausende forttönende Zeugniß von der erlösenden Kraft Christi in der Menschheit. In ihm erblickte er das Leben, welches aus Gott stammt, geeinigt mit der menschlichen Natur, vollkommen, die persönliche göttliche Wahrheit und Heiligkeit. Seine Erscheinung, die nur ein im Irdischen befangener Sinn zu einem Produkt der geistigen Mächte seiner Zeit herabsetzen könne, sei das höchste Wunder, welches mit schöpferischer und verjüngender Kraft auf die Menschheit weiter wirkt. Wo seine rettende Hand den Einzelnen ergreift, und wo dieser im Glauben aufgenommen wird in die Gemeinschaft seines göttlichen Lebens, da erlangt er den Frieden mit Gott und in seiner eigenen Natur durch die Vergebung der Sünden, erfährt die Wirkungen der Gnade, welche die Gott verwandten Kräfte steigert, die Gott widerstrebenden bekämpft, mit den neuen Zielen neue Kräfte giebt, Alles läutert und in Harmonie setzt. Was der einzelne Christ erlebt, dieselbe Wirkung erfährt auch das Ganze. Wie die göttliche Liebe und Heiligkeit Christi anziehend oder auch abstoßend auf diejenigen wirkte, welche sich ihm naheten, so sehnte sich die hülfsbedürftige Welt ihm entgegen oder verschloß sich gegen ihn, und in gleicher Weise geht der Prozeß, wo Christus das ihm zustrebende Leben der menschlichen Natur aneignet, und wo er das entgegengesetzte beugt und läutert, durch alle Zeiten. Diese Bewegung des aus ihm quillenden Lebens ist das

Gesetz seiner Thätigkeit, wodurch die Gemeinschaft mit ihm im Innern des Menschen gebildet, in der Durchdringung der menschlichen Kräfte mit göttlichem Leben entwickelt, nach außen entfaltet und zur endlichen Vollendung geführt wird. Um die persönliche und unmittelbare Bedeutung des Christenthums hervorzuheben, nennt er sein Hauptwerk nicht blos Geschichte der christlichen Kirche, sondern Geschichte der christlichen Religion und Kirche. Gleich dem Sauerteig, welcher den Teig umwandelt, oder gleich dem edlen Zweige, welcher auf den Stamm der wildwachsenden Religion ge= pfropft wird, veredelt das Christenthum die natürlichen Triebe der Menschheit. Daher verfolgt Neander mit be= sonderer Theilnahme die verhältnißmäßig unmittelbaren Kundgebungen dieser Lebenskraft. Lieber stellte er den Strom in seiner Kraft dar, als wo er sich in Veräftelungen verliert. Und wenn er Zeiten und Zustände schildert, wo die Kraft unter der irdischen Last zu erlahmen, gleichsam in den widerstrebenden Stoffen des natürlichen Menschen zu verschwinden scheint, so weiß Neander um so gewisser, daß es sich nur um einen scheinbaren Stillstand handelt. Er sucht dann um so emsiger nach den Spuren der verhüllten Kraft und läßt sich durch sie zu dem Punkt leiten, wo die in ewiger Jugendfrische fließende Welle mit neuer Klarheit hervorbricht. Daher verweilt er mit der regsten Sym= pathie bei den ersten Jahrhunderten des Christenthums, beschreibt dann, wie es sich unter den heidnischen Massen ausbreitet und nach Augustins Bemerkung, daß reinere christliche Leben sich von der Oberfläche in die verborgeneren Theile der Kirche zurückzieht; wie mit der Veräußerlichung nach allen Richtungen in Verfassung, Kultus, Sitte und Lehre, Formen eines neuen Gesetzes sich ausbilden, welche noch ungeistiger wurden, als die Zustände der antiken Ueber= kultur zusammenbrachen und das Christenthum von Nationen

getragen ward, welche langsam der Barbarei entwuchsen.
Er zeigt dann in einer Schilderung, deren Größe davon
zeugt, daß er selbst von einem neuen Impuls bewegt wird,
wie die abendländischen Nationen unter diesen Vorbereitun=
gen gesetzlicher Zucht von dem göttlichen Erzieher bereitet
waren für einen neuen Aufschwung christlicher Begeisterung,
für eine tiefere und vollere Erfahrung seiner Wirkungen und
für ein neues christliches Kulturleben. Das ist die Zeit, wo
das Papstthum die Leitung der Welt in die Hand nimmt
und der römische Katholicismus seine edelsten Gestaltungen
in Fülle hervorbringt. Auch da ist die Christenheit noch zu
stark bedingt durch den Standpunkt des Gesetzes. Er findet
seinen allgemeinsten Ausdruck in der römischen Theokratie,
allein er entsprach den geschichtlichen Prämissen, er war eine
relative Nothwendigkeit und darum bewegten sich die christ=
lichen Völker mit Befriedigung in diesen Schranken, inner=
halb deren die Kirche großartig, aber die eigenthümlichen
Kräfte der Einzelnen minder entfaltet waren. Durch den
scheinbaren Zersetzungsprozeß einer abermaligen Uebergangs=
periode bringt dann das Christenthum in der Reformation
wiederum siegreich hervor, reiner und tiefer, dem Ursprung
verwandter und doch mit einer reicheren Fülle fruchtbarer
Ideen, welche über den Höhepunkt des Mittelalters hinaus=
führen und seine Mängel ergänzen. Da nun aber auch die
seit der Reformation entstandenen Formen des Lebens die
Gegenwart nicht mehr befriedigen, die Zustände wankend
und zerrissen sind, so schaute er darin mit prophetischer
Ueberzeugung die Vorzeichen der vierten großen Epoche,
welche das lösende Wort für die Probleme unserer Zeit, und
zwar in einer neuen verherrlichten Gestalt des Christenthums
bringen werde. Wie in dem Ganzen des kirchlichen Ver=
laufs, so beschreibt er auch die einzelnen hervorragenden
Personen in denjenigen Entwicklungen, Zuständen und Akten

ihres Lebens, wo sie ihre christliche Bedeutung haben. Sie mögen nicht selten dadurch idealisirt zu sein scheinen; aber in der Hauptsache fällt in der That der Werth, welchen die Wirksamkeit eines bedeutenden Mannes für die Kirche hat, mit dem Grade zusammen, in welchem sein Talent vom Evangelium durchdrungen ist. Die Aufgabe die Neander sich stellte, den Prozeß des göttlichen Lebens in der Menschheit zu verfolgen, führte ihn dazu, den historischen Stoffen, welche er in den verschiedenen Perioden behandelte, die Beschreibung des christlichen Lebens im engeren Sinne hinzuzufügen, und er hat damit eine Seite der Geschichte in ein helleres Licht gesetzt. Er versteht darunter die verhältnißmäßig näheren Beziehungen, in welchen das Bewußtsein des Christen zu Gott steht, auch die christliche Gesinnung in den ethischen Beziehungen. Daher erfaßt er das Christenthum in seinen ursprünglichen Gestalten, die verschiedenen Wege der Bekehrung; er verweilt gern bei der Thätigkeit der Missionäre, in deren Stiftungen sich die apostolische Zeit in besonders ähnlichem Bilde wiederholt; er schildert die Macht des Evangeliums, mit der es die Welt überwindet, oder auch mit der es sie verschmäht, und er hat an diesem Punkt in der Geschichte des Mönchsthums eine bewunderungswürdige Fülle und Tiefe christlicher Erfahrung eröffnet. Die Umwandlung eines Lebens der Sünde in eine Hingabe der Gesinnung an Gott, die Verwandlung der Selbstsucht in aufopfernde Liebe, die Andacht, die in Gebet und Kultus sich darlegt, die eigenthümlichen Bedingungen, Schwierigkeiten, Irrthümer, unter welchen die Frömmigkeit sich in den verschiedenen Zeiten bewegt, das alles schildert er, stets zugleich den Gesichtspunkt festhaltend, daß gerade in diesen Aeußerungen die Zeugnisse des reinen Evangeliums sich am zahlreichsten finden, welches in allen Zeiten und an allen Orten die Gläubigen zu einer unsichtbaren Kirche verbindet.

Diese Theile seiner Kirchengeschichte sind vorzugsweise fruchtbar für das christliche Leben der Gemeinde, und um die bezeichneten Gesichtspunkte allgemeiner wirksam zu machen, schrieb er seine Denkwürdigkeiten aus der Geschichte des christlichen Lebens.

Es ist nicht meine Absicht, Neanders Geschichtschreibung, welche in dieser Wissenschaft eine neue Epoche begründet hat, in ihrem Verhältniß zu seinen Vorgängern genauer zu charakterisiren. In dieser Hinsicht ist er in den Schriften von Baur, Krabbe, Hagenbach, Uhlhorn, Ullmann und Anderen so gründlich gewürdigt worden, daß mir nur Wiederholungen übrig bleiben würden. Weit mehr kommt es mir darauf an darzuthun, wie dieselbe Einheit christlicher Frömmigkeit und Wissenschaft, welche Neanders Persönlichkeit auszeichnete, auch ein charakteristischer Vorzug seiner Geschichtschreibung ist. Das Persönlichste und das allgemein Bedeutende fällt hier, wie oft in großen Männern zusammen. Was Augustin und Luther an neuen Grunderkenntnissen schufen, das ist zugleich ihr innerstes Erlebniß gewesen. So erweiterte auch Neander sein eigenes Leben und Weben in Christo gleichsam zur Seele der ganzen Kirchengeschichte. Unzweifelhaft verdankt er Schleiermacher einen Antheil an der Erkenntniß dieses Prinzipes. Die Bedeutung, welche dieser der Religion und Christo im Centrum der Theologie und Kultur gab, war den Zeitgenossen wie ein neues Morgenroth aufgegangen; allein die biblischere Fassung der Wahrheit und die Durchführung derselben für die Kirchengeschichte, ist Neanders eigenthümliches Verdienst, das weit hinausgewirkt hat über die Grenzen dieser Disciplin auf den Geist der Theologie.

Da er das treibende Leben der Kirche mit Sicherheit erkannt hatte, so vermochte er auch die Veränderungen als eine Entwicklung zu begreifen. Auch diesen Gedanken hat er gleichfalls nicht erfunden, sondern er stammte von Göthe, aus der Naturphilosophie, und von Herder, der ihn in origineller Weise auf die Geschichte der Welt bezog. Aber für die Kirchengeschichte zeigte Neander zuerst, wie dasselbe einige göttliche Leben die menschlichen Formen neben und nach einander hervor treibt oder die bestehenden durchdringt, als das Beharrende im Wechsel, und lehrte die gesammte Christenheit und ihre Geschichte als einen Organismus ver= stehen, in welchem das Ganze und die Theile in lebendiger Einheit wechselseitig auf einander wirken. Niemand zuvor hatte mit gleicher Kunst die genetische Entfaltung der Kirche so glücklich gezeichnet. Gleichsam mit dem stillen Auge des Naturforschers beobachtete er das Wachsthum aus der mit Geheimniß umgebenen Wurzel zu einem Stamm, dessen Zweige immer weiter die Welt überschatten. Weniger scharfe Charakteristiken umschreiben die einzelnen Erschei= nungen, als daß diese, eine aus der andern entstehend, oder eine neben der andern sich behauptend, sich wechselseitig bestimmen und erklären. Was dem Christenthum äußerlich ist, wirkte bedingend ein, aber Neander machte nicht, wie der frühere Pragmatismus, menschliche Bedingungen zu wirken= den Ursachen. Jene können sollicitirend sein, die schöpferi= schen Ursachen aber liegen hinter ihnen und stammen von oben her. Senfkornartig, sagte er, sei die Stiftung des Christenthums geschehen und in gleicher Weise entstehe zu allen Zeiten das Große in dem Reiche Gottes; weshalb ein durch den Glauben für die göttlichen Dinge geschärftes Auge erforderlich sei, um es in seiner keimartigen Gestalt zu er= kennen. Als Bretschneider einst bemerkte, daß den Thesen Luthers nicht an der Stirn geschrieben gewesen, was daraus später entstanden sei, äußerte Neander, an der Stirn freilich nicht, aber anderswo habe es gestanden.

Es ist daher auf seiner Grundbetrachtung beruhend,

wenn er überall bestrebt ist, das Eine und das Mannig=
faltige in einheitlicher Anschauung vorzuführen, beides in
seinem göttlichen Recht und seiner Nothwendigkeit zur An=
erkennung zu bringen. Hier empfängt das Eigenthümliche
seine Würdigung; die Charismen der Personen, der Gemein=
schaften und der Zeiten, welche er mit liebevoller Sorgfalt
beobachtet und meisterhaft darstellt. Da die menschliche
Natur im Ganzen und die Gnade in ihrem Wesen sich nicht
ändern, so verknüpfen sich die Verschiedenheiten der Erschei=
nungen durch Wiederholung des Verwandten. Neander
liebt es die Gleichheit, die oft überraschend aus dem Gegen=
satz hervorspringt, hervorzuheben, um das unter dem Wandel
herrschende Gesetz bemerklich zu machen. Man hat darin
sonderbarer Weise die Spuren eines Mangels entdeckt, wäh=
rend doch aus den Analogien, die trotz der Trennung durch
Zustände und Zeiten stattfinden, die Wahrheit und geschicht=
liche Nothwendigkeit um so heller an den Tag kommen.
Und über dem Ganzen schwebt einigend und verklärend die
Gestalt des Erlösers, nach dessen heiligem Bilde die Christen=
heit sich immer reiner gestaltet, die sündhaften Gegensätze,
welche das Abbild verzerren, geläutert und gemäßigt werden,
so daß die Entwicklung der Kirche von einer göttlichen Teleo=
logie geleitet wird, bis zu dem Punkte, wo die erlöste Mensch=
heit der reine Abglanz der Herrlichkeit Christi sein wird.
Neander bedurfte für seine Beschreibung des Gesammt=
lebens der Christenheit einen weiteren Horizont, als ihn der
Schematismus einer Philosophie oder das geschlossene
System einer der christlichen Kirchen eröffnete. Er liebte
die Kirche der Reformation und ihre unvergleichlichen Vor=
züge vor der römischen und selbst vor der katholischen Kirche
der ersten Jahrhunderte. Aber weder die Satzungen der
lutherischen, noch der reformirten Kirche galten ihm in allen
Punkten als unverbrüchliches Gesetz der Wahrheit. Wie

sehr er Recht hatte, diese Beschränkung zu verlassen, das
bestätigt sich aus der mangelhaften Objectivität solcher
Geschichtschreiber neuester Zeit, welche vom lutherischen
Dogma aus alle Linien der Geschichte verfolgen. Er er=
kannte, daß die evangelische Kirche die Wahrheit reiner be=
zeuge als die übrigen; aber er fand auch in den übrigen
Kirchenparteien manch echtes Zeugniß von Christo. Er
suchte es mit Freuden auf, als eine Verherrlichung Christi
und zuweilen auch als eine fruchtbare Ergänzung für die
eigene Kirche. Ich möchte dem Vorwurf, welcher ihm öfters
gemacht ist, daß er nicht die Kirche, sondern Individuelles
beschreibe, in dieser Gestalt nicht zustimmen. Die geschicht=
liche Nothwendigkeit und der Werth der Kirchenbildungen
entging ihm nicht, aber die Gemeinschaft der Gläubigen
schätzte er höher, als die sichtbare Kirche. Hat er den Werth
der mittelalterlichen Kirche in der Gestalt des älteren Katho=
licismus und ebenso in der Großartigkeit der Papstkirche
nicht anerkannt? Die allgemeinen Mächte, welche in ihr
wirken und die Fülle der religiösen Produktionen hat er
reichlich beschrieben, aber der Maßstab seiner Beurtheilung
ist allerdings nicht die kirchliche Einheit und Festigkeit, son=
dern das Neue Testament. Wenn er die allgemeinen For=
men, in welchen das christliche Leben sich überall und
dauernd objectivirt, nach ihren individuellen Unterschieden
veranschaulicht, so geht er öfters von den Grundrichtungen
aus, in denen der Geist sich nothwendig bewegt, ob er sich
z. B. auf die Ideen oder auf die Existenz in der Wirklichkeit
wende, oder er zeigt, welches Grundvermögen des Geistes in
dieser oder jener Erscheinung sich charakteristisch bethätige.
Diese Theilungsprinzipien sind fundamental und zugleich
thatsächlich wirksam und diejenigen, welche mit der Bemer=
kung, daß sie psychologisch seien, sie abzuthun meinen und
an ihre Stelle entweder philosophische oder kirchliche Kate=

gorien setzen, haben bis jetzt in Wahrheit noch keine objec=
tivere Geschichtschreibung zuwege gebracht. Sie sind von
Neander keineswegs mechanisch angewendet, sondern ver=
ändert, mit anderen gemischt, je nach der Beschaffenheit der
Zeiten und Orte. Es ist eine ungegründete Behauptung,
der der Inhalt seines Werkes widerspricht, daß es bei seiner
Entwicklung der Geschichte zu nichts komme, dieselben Er=
scheinungen immer wiederkehren. Man darf nur die Ge=
schichte der Lehre in den verschiedenen Theilen verfolgen,
um sich nicht nur von der Tiefe und Originalität der Auf=
fassung, sondern auch von der Fülle der Ideen zu über=
zeugen, welche er in ihren verschiedenen Stadien und Formen
vor Augen stellt. Seiner empirischen Methode gemäß, geht
er von den hauptsächlichsten Einzelerscheinungen und Gruppen
aus. Indem er stets beachtet, wie die eine die andere er=
fordert, wie sie in Conflikt gerathen müssen und sich ergänzen,
zeigt er die Umrisse der Idee, welche sich in dem Gesammt=
leben ausprägt. Es ist daher eine unbillige Kritik, welche
seine geschichtliche Darstellung schildert, als zerfalle sie nur
in Monographien. Es ist möglich, dem Allgemeinen weitere
Ausführung zu geben; es bleibt dann aber die andere
Schwierigkeit übrig, daß in dem zugemessenen Raum das
Individuelle zu seinem Rechte komme.

Dennoch halte ich bis zu einem gewissen Grade diese
Ausstellungen für berechtigt. Dieselben Schranken, welche
sich in den Aeußerungen seines persönlichen Lebens wahr=
nehmen lassen, hemmen auch das Vordringen seines Geistes
in der Geschichtschreibung. Wenn er in die Missions=
geschichte des Mittelalters eintritt, kann man ein weiteres
Eingehen wünschen in die Bedingungen der Natur und des
Völkerlebens, welche das Christenthum vorfindet. Den
Einwirkungen der politischen Geschichte gewährt er bei den
großen Akten der Kirchengeschichte überall Berücksichtigung,

doch die Verflechtungen mit der Politik während des unter=
geordneten Verlaufes lassen sich vollständiger in ihren förder=
lichen oder hinderlichen Erfolgen darstellen. Er hat die
Geschichte der Kirche in der Auswirkung ihrer eigenen
Prinzipien auch da zu seiner Aufgabe gemacht, wo sie sich
mit dem Staate berühren und man darf nicht von ihm for=
dern, daß er sie wie ein Historiker behandle, welcher eine
politische Geschichte unter Berücksichtigung der religiösen
Entwicklungen schreibt. Aber der gestaltende Einfluß poli=
tischer Gesichtspunkte auf kirchliche Begebenheiten hätte, seit=
dem es christliche Kaiser gab, häufiger ermittelt werden
können. Die Punkte, wo die Poesie und die bildende Kunst
dem religiösen Leben ihre Formen leiht, sei es dem privaten
oder dem kirchlichen, hat er nicht unbezeichnet gelassen, aber
auch nur berührt und hat mit Bewußtsein den befähigten
Geschichtschreibern ein Gebiet überlassen, dessen große Aus=
dehnung und wichtiger Inhalt immer mehr anerkannt wird.
Ueberhaupt lagen ihm die Gegenstände des nationalen und
Kulturlebens ferner; in dem Individuellen erforschte er
gewissermaßen das ideale und kosmopolitische Christenthum.
Dieselbe Methode hielt ihn ab, und zwar mit Wissen und
Willen, die Persönlichkeit bedeutender Männer bis zu Einzel=
heiten auszumalen, welche ein äußerliches Schlaglicht auf sie
werfen. Hie und da hätte er mehr darin thun können. Die
Figuren, welche er darstellt, wären zuweilen dadurch plasti=
scher und dem gewöhnlichen Leben näher gerückt worden,
aber ihm, der auf das Große und Tiefsinnige gerichtet war,
erschien die Ausführung ins Kleine als kleinlich. Züge
bedeutenden Inhalts, namentlich eines solchen, der von der
Kraft des Evangeliums zeugte, verschmähete er nicht, und
nach der Seite hin, welche doch die wichtigste ist, hat er die
geschichtlichen Gestalten höchst charakteristisch und anschaulich
herausgearbeitet.

Was man an Neanders Werk vermißte, haben andere Historiker zu leisten versucht. Die Einen haben die stylistische Form verbessert, die Anderen sich mehr auf die politische oder ästhetische Seite gerichtet, noch Andere haben die Kirchengeschichte bestimmter in den Dienst der Partikular= kirchen genommen; überall aber in der protestantischen Ge= schichtschreibung, wo man die Entwicklung der Kirche aus der Entfaltung ihrer religiösen Prinzipien zu verstehen suchte, ist sein Einfluß erkennbar; und wo eine Auffas= sung und Methode von einem ihm ganz fremden Stand= punkte verfuhr, hat sie wenigstens die Ergebnisse seiner ausgebreiteten Forschungen nicht außer Acht lassen können. Für die Schilderungen der christlichen Frömmigkeit und Sitte, für die Durchforschung der ersten kirchlichen Jahr= hunderte, für die spätere Geschichte des Mittelalters und die Geschichte der Häresien und für die Biographie hervor= ragender Männer der Kirche ist eine so fruchtbare Anre= gung von ihm ausgegangen, wie von keinem anderen Kirchen= historiker.

Er hatte seine Kirchengeschichte bis in die Periode fort= geführt, welche der Reformation vorangeht. Dieser letzte Theil bestand aus großen und namentlich für die Hussitische Reformation werthvollen Fragmenten, aber es war keine allgemeine Geschichte, überhaupt war noch nicht die letzte Hand angelegt. Die zunehmende Verdunkelung seiner Augen nöthigte ihn, sich mehr und mehr zum Lesen und Schreiben fremder Hülfe zu bedienen. Sein Diktat war bis zur Schilderung der Gottesfreunde vorgerückt, jener Mystiker des 14. Jahrhunderts, denen er besondere Sympathien wid= mete, damals die Stillen im Lande, in denen eine inni= gere, geistigere Frömmigkeit, eine tiefere Gottesliebe unter den kirchlichen Satzungen glühete. Da ward sein Mund für immer geschlossen.

Er starb, wie er gelebt hatte*). Die Angriffe, mit wel=
chen sich die töbtliche Krankheit ankündigte, kämpfte er mit
gewohnter Kraft des Willens und der Pflichttreue nieder.
Er hielt seine Vorlesungen, allein er mußte Pausen machen,
weil die Stimme versagte. Ein Zuhörer sprach die schmerz=
liche Ahnung aus: Das ist die letzte Vorlesung unseres
Neander. Zur gewohnten Nachmittagstunde nahm er das
Diktat wieder auf und setzte es unter gewaltsamem Ringen
des Geistes drei Stunden lang fort. Selbst die Schwester,
welche ihn bat sich zu schonen, fand kein Gehör. Am Abend
zwang die Macht der Krankheit ihn abzubrechen. Nun war
er vor allem bemüht, die Schwester zu beruhigen. Er rief
sie an sein Bett, reichte ihr die Hand: Sei nicht ängstlich,
es ist nur vorübergehend. Am nächsten Tage ließ er sich
wissenschaftliche Gegenstände und Zeitungen vorlesen und
äußerte seine Theilnahme bei jeder Erwähnung kirchlicher
Angelegenheiten, seine Liebe gegen alle, die ihn umgaben,
seine Dankbarkeit für jeden Dienst, der ihm erwiesen wurde.
Die Nacht verging unter großen Schmerzen. Mit rührender
Stimme betete er um Schlaf. Am Morgen verlangte er in
krankhafter Erregung aufzustehen, um an die Arbeit zu gehen.
Da trat die Schwester zu ihm und bat: Denke, lieber August,
was Du mir in Krankheiten gesagt hast, „es kommt von
Gott, darum müssen wir uns gern darein fügen." „Das
ist wahr, erwiderte er mit plötzlich beruhigter Stimme, es
kommt Alles von Gott und wir müssen ihm dafür danken."
Einige Zeit nachher umdunkelte sich sein klarer und starker
Geist. In seinen Phantasien setzte er seine exegetischen
Vorlesungen mit starker Stimme fort, dann das Diktat seiner
Kirchengeschichte; und so sehr lebte er in ihr, daß er genau

---

*) S. die schöne Schilderung vom Lic. Rauh in der Samm=
lung: Zum Gedächtniß August Neanders. Berlin 1850.

da einsetzte, wo er zwei Tage zuvor das Diktat unterbrochen
hatte. Darauf sprach er: Ich bin müde, ich will nun
schlafen gehen, und wiederholte mehrmals mit dem Ausdruck
innigster Liebe: Gute Nacht! Dann trat der Schlummer ein,
aus welchem er nicht wieder erwachte. Gott führte ihn
schlafend durch das Thor des Todes in das Heimathland.
Es war am 14. Juli 1850.

Da zeigte sich noch einmal, wie er geliebt ward. Wenige
wohl, die ihn gekannt hatten, vernahmen die Nachricht ohne
ernste Bewegung, unzählige mit tiefem Schmerze. Die
Universität würdigte ganz den herben Verlust. Mit Thränen
in den Augen, mit Schluchzen vernahmen die Studirenden
in den Hörsälen die Ankündigung. Einer unserer ange=
sehensten Geistlichen, damals Prediger in Berlin, erzählt,
daß er von der Trauernachricht überrascht, mit zitternden
Knieen die Kanzel bestieg und in halber Betäubung predigte.
Es ist keine leere Rhetorik, was der Hofprediger Strauß in
seiner geistvollen Rede am Sarge sprach: „Tausende in
unserer Stadt und in unserem deutschen Vaterlande theilen
schon in diesem Augenblicke unsere Trauer, und bald wird
der ganze evangelische Lehrstand in Europa und in der Welt
ihn theilen.“ Neander ist vielen zum Segen gewesen, welche
mit ihm lebten; möge er auch kommenden Geschlechtern zum
Segen sein.

Solche Lehrer werden leuchten wie des Himmels Glanz.

Dem geliebtesten aller Lehrer.

Verzeih', wenn in des Gleichmuths Wage
Nicht mein Gemüth die Worte legt,
Denn eine alte fromme Sage
Hat mir es wunderbar bewegt.
Als Knabe hab' ich sie gelesen
Und schon dem Knaben schien sie schön,
Doch sollt' ich jetzt erst ganz ihr Wesen
Und ihren tiefen Sinn verstehn.

Du kennst die schönste der Legenden —
Vom Lieblingsjünger unsres Herrn
Und jenem Jüngling — meinen Händen
Entsank das Buch; was fremd und fern
In fernen Zeiten sich begeben,
Wie war mir's jetzt so traut, so nah!
Wie stand vor meinem inneren Leben
Der heilige Apostel da!

Es trug sein Bild ja theure Züge,
Mich mahnte ja sein tiefer Blick
An stille Stunden voll Genüge,
An ein noch unverblühtes Glück.
Denn mir auch war es ja geworden,
Wie der Pilot zu Sternenau'n,
Wie sehnend der Magnet nach Norden,
Auf einen festen Pol zu schaun.

Wer mag der Jugend Glück verstehen!
Sie hebt und trägt mit Adlerschwung
In alle Tiefen, alle Höhen
Der Fittich der Begeisterung.

Doch will das Ideal ihr schwinden,
Sinkt erdenwärts ihr Flug zurück,
Im Menschen dann es neu zu finden —
Das ist der Jugend schönstes Glück.

Mag dann die Zeit ihr Vieles rauben
Eins bleibt ihr ewig ungeraubt,
Ihr bleibt der wandellose Glauben,
Der an der Menschheit Adel glaubt.
Und hegt sie den in treuer Seele,
Dann sehnt sie auch mit gläub'gem Sinn
Sich nach dem Menschen ohne Fehle,
Nach aller Menschen Heiland hin.

Ihn hast du Edler uns verkündet.
Ihn ließest du mit leisem Weh'n,
Wie es des Glaubens Gluth entzündet,
Durch heiße Jünglingsherzen geh'n.
Gleich wie der Mond mit sanftem Grüßen
Gemahnet an der Sonne Licht,
Sahn sie des Heilands Gnade fließen
Um dein verklärtes Angesicht.

Und wie zur Jugend ging dein Streben,
So geht zu dir der Jugend Drang;
Wohl manche Lippe weilt mit Beben
Bei deines Namens süßem Klang;
Wohl sind von manches Herzens Pochen
Die wärmsten Schläge dir geweiht;
Wohl manch' ein Wort, das du gesprochen,
Lebt segnend fort in alle Zeit.

O Mann der Jugend, Mann der Herzen!
Wenn sich dein Auge gramverstört,
Feucht in der Wehmuth heil'gen Schmerzen
Vom Treiben des Jahrhunderts kehrt —
Blick dann auf uns, der Jugend Schaaren!
Merk auf den Geist, der sie durchweht,
Und sieh ein Heer, das den Gefahren
Kühn einer Welt entgegengeht.

Drum laß sie wehn des Glaubens Fahnen!
Laß brausen Luthers Schlachtgesang!
Die hohen Geister unsrer Ahnen
Geleiten siegreich unsern Gang.
Schon tönt der Feinde Kriegsgeschmetter,
Der ganzen Menschheit tönt es Spott;
Wohlauf denn! sie für ihre Götter,
Wir für den Glauben, wir für Gott!

Hermann Rossel.